自殺対策計画策定ハンドブック

自殺総合対策推進センター長
本橋　豊 編著

ぎょうせい

❖はじめに❖

平成27年4月に出版した「よくわかる自殺対策〜多分野連携と現場力で「いのち」を守る」（ぎょうせい）は、自殺対策をわかりやすく俯瞰できる解説書として関係者から好評価をいただきました。その後、日本の自殺対策は平成28年4月の自殺対策基本法の10年ぶりの大改正と平成29年7月の新たな自殺総合対策大綱の策定により大きな変革がなされました。「よくわかる自殺対策」で示された自殺対策の基本的方向性や多分野連携と現場力の重要性は本質的に変わりなく、新たな自殺対策の改革により「よくわかる自殺対策」で示された考え方が一層強化されたと考えて良いと思います。

自殺対策にかかわる法制度の改革により、国の自殺総合対策の今後10年の理念と方向性が新たに示された意義は大きく、この新しい自殺対策の枠組みと具体的な施策の内容を関係者及び一般の方々に広く知っていただくことは、日本の自殺総合対策の推進においてきわめて重要なことです。

本書は、そのような経緯を踏まえて、新しくなった日本の自殺対策とはどのようなものなのかを、Q＆A形式でわかりやすく解説することで、自殺対策関係者及び一般読者の方々に日本の自殺総合対策の全貌を理解してもらうことを狙いとしました。改正された自殺対策基本法では、自殺対策の理念が「生きることの包括的な支援」であることがより明確に示され、地域自殺対策を推進することで、自殺総合対策がすべての市町村で展開されることを目指しています。遍く地域自殺対策を推進することにより、住んでいる地域により自殺対策の恩恵を得ることができないというようなことがないように、ナショナルミニマムとしての自殺対策が日本の隅々まで行き渡ることを目指しているのです。

　本書では、地域、保健、福祉、教育、労働といったさまざまな場において推進される自殺対策の具体的施策を簡潔にわかりやすく示すことにしました。自殺総合対策に求められる多分野連携と現場力を、本書が下支えすることができればと思います。

　皆さんと手を携えて、日本の自殺対策を力強く進めていきたいと願っています。

　平成30年9月

自殺総合対策推進センター長

本　橋　　豊

目　次
CONTENTS

第1章　総　論

第2章 地域における自殺対策

第3章 職場における自殺対策

第4章 学校の場における自殺対策〜児童・生徒のSOSの出し方に関する教育〜

第５章　精神保健医療福祉サービスの場における自殺対策

第6章　自死遺族への支援

第7章　若者の自殺対策

第8章　福祉の場における自殺対策

第9章　自殺総合対策に資する調査研究の推進

第10章　自殺対策に関わる人材養成と資質の向上

第11章　社会全体のリスクを低下させる

資　料　市町村自殺対策計画策定の手引

第1章

総　論

最近の日本の自殺の現状を教えてください。

A　1998年の自殺の急増以後、12年間にわたり日本の自殺率は高い状態が続きましたが（1998～2009年）、2010年から自殺率は減少傾向を示すようになりました。1998年の自殺の急増の主たる要因は、バブル経済崩壊に伴う金融機関の不良債権処理のために金融機関の破綻が相次いだという社会経済的要因の寄与が大きいと考えられています。その後12年間にわたり自殺率が高い水準にとどまった理由を説明することは難しいのですが、2010年以降に徐々に自殺率が減少傾向を示すようになったのは、経済的状況の改善も考えられますが、2006年の自殺対策基本法と2007年の自殺総合対策大綱策定により自殺対策が社会的取組として本格化してきた影響も考えられます。1998年の自殺の急増では25～74歳の男性の自殺者数が大きく増加しましたが、45～54歳の自殺者数は2002年以降大きく減少傾向を示しています。また、55～64歳の自殺者数は2010年以降大きく減少傾向を示しています。一方、若い世代の自殺者数は中高年層と比べて数は少ないものの減少の幅が小さいという特徴が認められます。また、年代別の死因順位で見ると、15～39歳の若い世代では死因の第1位が自殺となっています。国際的に見ると、35歳未満の若い世代で死因の第1位が自殺であるのは、先進国では日本だけであり、若い世代の自殺は日本では深刻な問題として捉えて対策に取り組む必要があります。

警察庁の自殺統計に基づく2017年における自殺者数は21,321人であり、人口10万人あたりの自殺率は16.8（男性24.0、女性10.0）です。男女別に見ると、男性14,826人、女性6,495人であり、男性が69.5%を占めます。年齢階級別に見ると、40歳代が3,668人（17.2%）でもっとも多く、次いで50歳代が3,593人（16.8％）、60歳代が3,339人（15.6％）と続きます。

職業別に見ると、無職者が12,280人で最も多く全体の57.6％を占めます。次いで、被雇用者・勤め人6,432人（30.1％）、自営業・家族従事者1,445人（6.7％）、学生・生徒等817人（3.8％）と続きます。無職者の自殺が最も多いという事実は、自殺対策においては勤労者向けの対策よりも無職者や生活困窮者に対する対策の方がより求められているということを意味しています。これまでの自殺対策においては、無職者・生活困窮者への対策よりは産業保健の立場で進められてきた職場のメンタルヘルス対策や過労自殺対策などが重視されてきた経緯があり、今回の改正自殺対策基本法及び自殺総合対策大綱において無職者・失業者の視点からの対策が強化されたことは重要なことであると考えられます。

原因・動機別の自殺の状況は、自殺統計が毎年公表される度に、健康問題が最も多いということが強調されて報道されることが多いのですが、そのような報道のあり方は実体を必ずしも反映するものではないということで慎重であるべきとの意見があります。具体的に見ていくと、警察庁の自殺統計（2017年）では健康問題が10,778人（50.6％）で最も多く、次いで経済・生活問題が3,464人、家庭問題3,179人、勤務問題1,991人となっています。そもそも警察庁の自殺統計においては、現場の警察官が遺族・関係者の聞き取りで原因・動機を記載する際に、自殺者一人につき3つまで原因・動機を計上して良いということになっています。これは、原因・動機を自殺事案の現場に駆けつけた警察官が短時間の聞き取りにより特定することは難しいという事情を勘案してのことです。病院に通院していて治療を受けていたとか、うつ病の薬を飲んでいたといったような必ずしも十分な信頼性が担保できない聞き取り情報に基づいて、原因・動機の記載がなされたという事情を鑑みれば、統計として計上される項目としての健康問題の取扱いは慎重であるのが望ましいでしょう。また、そもそも自殺の直前の状態がうつ的状態だったとして、うつ的状態に追い込まれた社会経済的要因や人間関係等にまでさかのぼって原因・動機を突き詰めていけば、うつ的状態というだけで健康問題に原因・動機を帰することは適切でないことはいうまでもありません。

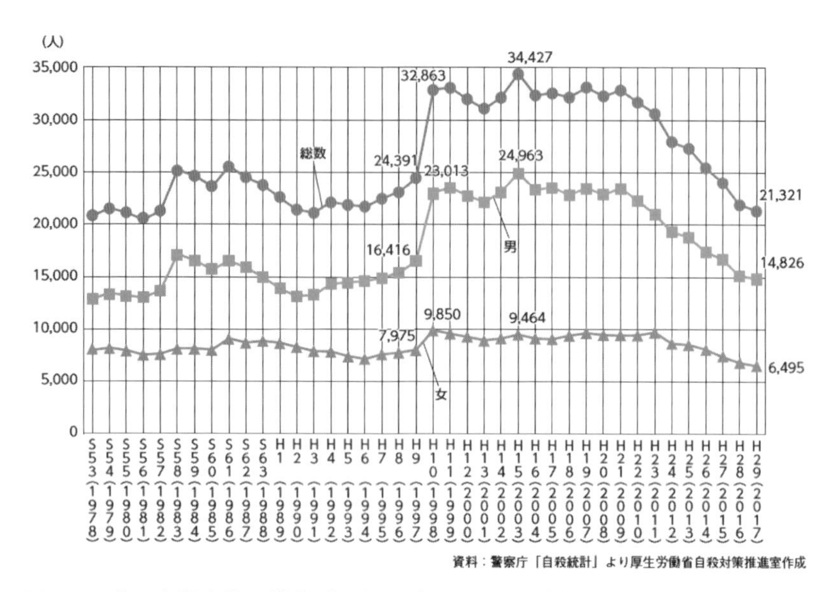

図1　日本の自殺者数の推移（昭和53年〜平成28年）（平成30年版自殺対策白書）

先進諸国の中で日本の自殺率が高い理由を教えてください。

A　日本の自殺率は国際的に見ると高いことが知られています。**図1**に先進諸国における自殺率の国際比較を示しました。ロシアを除くいわゆるG7の国で、日本は最も自殺率が高い国であることがわかります。自殺問題は精神障害とりわけうつ病との関連を指摘されることが多いのですが、国際的な大規模疫学調査の結果によれば、気分障害の12か月有病率及び生涯有病率は、欧米諸国と比べて低いことが知られています。例えば、大うつ病性障害の12か月有病率は日本では2.7%（世界精神保健日本調査セカンド：2013～2015年調査）ですが、米国は6.7%（2005年報告）、欧州は3.9%でした（2004年報告）。このことは、日本の自殺率が欧米諸国と比べて高いのは、精神障害（うつ病等）に罹っている人が多いからということ（いわゆる疾病モデル）では説明できないことを示しています。

つぎに指摘されることは、日本と欧米の宗教的背景の違いです。キリスト教の文化的背景のある欧米諸国では宗教的規範として自殺をしてはいけないということがあるために自殺率が低くなるという説明です。しかし、**図1**を見ると、カトリックの文化的背景の強いフランスの自殺率が高いのに対してイタリアの自殺率は低い、プロテスタントの強いドイツやイギリス国教会の英国では自殺率が低いなど、宗教的背景のみで欧米諸国の自殺率の差異を説明することは難しいように思います。宗教的文化的背景は自殺率に何らかの影響を及ぼしうるものと推測できますが、国ごとの自殺率の差異をそれだけで説明できないということは、自殺問題が社会経済文化的な複雑な要因の連鎖の結果として起きるという、自殺総合対策大綱で示された認識を受け入れれば、きわめて妥当な解釈になります。

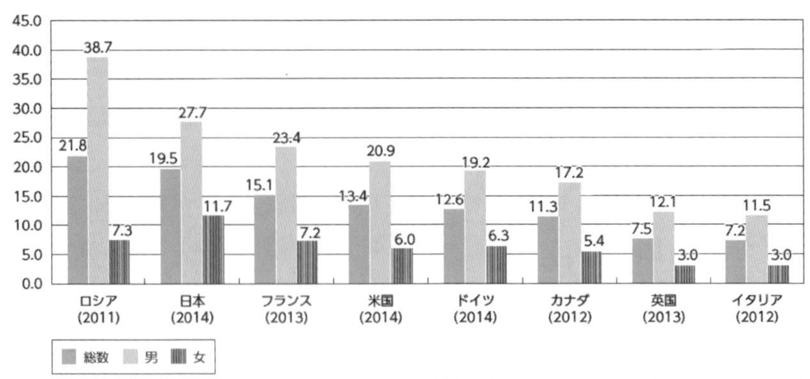

資料：世界保健機関資料（2016年12月）より厚生労働省自殺対策推進室作成

図1　主要先進国の自殺率の国際比較（平成30年版自殺対策白書）

日本の自殺率が欧米諸国と比べて高い理由として社会経済的要因が多いのではないかということは、日本の自殺率の時系列変動のグラフを見れば容易に推測することができます。1998年の自殺の急増とその後の自殺率の高止まりの原因の大きな背景要因として、1990年代から続く日本経済の長期的停滞、1997年から1998年にかけて切迫化した深刻な金融危機が大きな影響を及ぼしていることは学術的にも検証されています。金融危機と株価暴落という社会的な信用不安、倒産等により多額の借金を抱えた中高年男性、多重債務者の増加などの深刻な社会経済状況が、マクロ的にみて1998年の自殺の急増を引き起こしたことは間違いありません。同じ頃、韓国においても深刻な金融危機により自殺者が急増し、その後も自殺率が高止まりしている状況があります。韓国の自殺率の増加についても、日本と同様に社会経済的要因が大きな影響を及ぼしたことが明らかです。

図2の日本の自殺率の時系列推移を眺めていて気づくことは、平成18年(2006年)の自殺対策基本法の成立とその後の社会経済的対策(貸金業規正法改正、多重債務問題改善プログラム、総合相談の開始等）の実

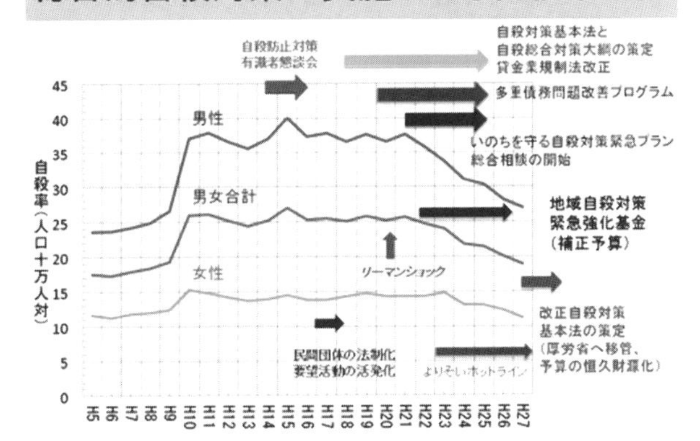

図２　自殺総合対策の実施による自殺率の減少

（資料：人口動態統計）

施が自殺率の減少に影響を及ぼしているのではないかと推察されることです。もちろん施策の前後比較の検証のみしかできませんので、断定的な推測はできませんが、自殺率に及ぼす社会経済的要因の大きさをうかがわせるデータとなっていると思われます。

以上を要約すれば、日本の自殺率が先進諸国の中で高い理由は精神障害の有病率や宗教的背景などの単一の要因で説明することはできず、さまざまな社会文化的要因が影響しているものと解釈するのが妥当だと思われます。その中で、1998年の日本の自殺の急増は明らかに社会経済的要因の影響が大きいものと推測されます。

03 改正自殺対策基本法及び新たな自殺総合対策大綱で地域自殺対策の推進が強化された理由はなぜですか？

A　平成18年の自殺対策基本法の施行後、政府と地域が一丸となって自殺総合対策を進めた結果、平成22年以降日本の自殺者数は減少し、平成17年と比べて平成27年の自殺率は23.6％の減少となりました。自殺者数が着実に減少したことで、自殺対策に対する社会の関心が低下してきたとの危惧の声も関係者から聞かれるようになりました。自殺率が減少したとはいえ、欧米先進諸国の自殺率と比べて日本の自殺率はまだ高い状況に変わりはありません。それゆえ、「日本の自殺率は欧米諸国と比べて依然として高率であり、自殺対策を今後も強力に進めていくことは不可欠である」との認識を広く国民の間で共有することが大切です。「年間自殺者数は減少しているが、非常事態はいまだに続いている」という基本認識が新大綱に示された背景にはそのような事情があります。それでは、今後10年間に日本の自殺総合対策はどのような方向性で進むべきなのでしょうか？

この問いに対する答えが、「地域レベルの実践的な取組をPDCAサイクルを通じて推進する」という基本認識なのです。日本の自殺対策は充実してきたとはいえ、市町村レベルでみれば、自殺対策への熱意や具体的施策の実施については格差が存在します。自殺対策は「生きることの包括的支援」であり、住民の命にかかわる重要な対策です。自殺対策をしっかりと進めている自治体と自殺対策が十分に進んでいない自治体の間で、自殺対策の恩恵が等しく住民に届かないことがありえます。そのようなことがないようにするために、すべての市町村で自殺対策計画を策定し、計画に基づいて自殺対策が実施されることがこれからの自殺対策にとって求められるのです。このように、改正自殺対策基本法において地域自殺対策計画の策定がすべての自治体に義務づけられた背景には、すべての自治体でナショナルミニマムとしての自殺対策が住民に届けられるべきであるという考え方があるのです。

改正自殺対策基本法では、自殺対策の地域間格差を解消し、誰もが「生きることの包括的な支援」としての自殺対策に関する必要な支援を受けられるよう、全ての都道府県及び市町村が「都道府県自殺対策計画」又は「市町村自殺対策計画」を策定することとされました（第13条）。また改正自殺対策基本法においては、都道府県自殺対策計画又は市町村自殺対策計画に基づいて当該地域の状況に応じた自殺対策のために必要な事業等を実施する都道府県又は市町村に対し、国が交付金を交付することができる（第14条）こととされています。

地域の特性に応じた効率的な対策を後押しし、地域における「自殺対策力」の更なる強化を図ることを目的として、国は地域自殺対策強化交付金による支援を行っています。

このような財政面の支援により市町村の自殺対策計画策定の支援を行うことに加えて、国は市町村の自殺対策計画の策定のための具体的支援を行う枠組みを作っています。その具体的支援については、新大綱で「地域レベルの実践的な取組への支援を強化するために、自殺総合対策推進センターがすべての都道府県及び市町村それぞれの自殺の実態を分析した地域自殺実態プロファイルを作成し、同時に、地域特性を考慮したきめ細やかな対策を盛り込んだ地域自殺対策政策パッケージを作成し、地方公共団体の地域自殺対策計画の策定を支援すること」としています。この新大綱の方針を受けて、自殺総合対策推進センターは平成29年12月に地域自殺実態プロファイルと地域自殺対策政策パッケージをすべての都道府県及び市町村に配布しました。地域自殺実態プロファイルでは、地域の主な自殺の特徴をもとに地域特性を反映する重点パッケージの推奨例が示されます。自治体の担当者は自殺実態分析プロファイル及び推奨される重点パッケージ等を参考にしながら、自分の自治体の地域特性に合った自殺対策計画を策定することが可能になります。

Q04 自殺総合対策推進センターの自殺対策における役割を説明してください。

A 改正自殺対策基本法第15条（調査研究等の推進及び体制の整備）では、自殺総合対策推進センターの果たすべき役割が明確に規定されています。すなわち、「国及び地方公共団体は、自殺対策の総合的かつ効果的な実施に資するため、自殺の実態、自殺の防止、自殺者の親族等の支援の在り方、地域の状況に応じた自殺対策の在り方、自殺対策の実施の状況等又は心の健康の保持増進についての調査研究及び検証並びにその成果の活用を推進するとともに、自殺対策について、先進的な取組に関する情報その他の情報の収集、整理及び提供を行うものとする」とあります。また、平成27年6月2日に参議院・厚生労働委員会で決議された「自殺総合対策の更なる推進を求める決議」では、自殺対策の関係者が連携して自殺対策のPDCAサイクルに取り組むための拠点として民学官協働型の「自殺対策研究センター」の設置が提言されており、この決議が改正自殺対策基本法第15条に反映された形で自殺総合対策推進センターが設置されました。

以上のような経緯があるため、自殺総合対策推進センターは、学術的研究を志向する研究のための研究機関ではなく、民学官が協働して自殺総合対策を推進する自殺対策の実務を重視した新しいコンセプトのもとで立ち上がった組織となっています。組織体制としてはセンター長のもとに、4室が設置されています（**図1**）。

(1) 地域連携推進室：　都道府県及び市区町村の自殺総合対策の実務的支援を行います。そして、地域自殺対策推進センター（都道府県・指定都市に設置）とのネットワークを活用して地域自殺対策の推進を支援します。

⑵　自殺実態・統計分析室：　国の政策及び民間団体を含む地方自治体レベルの取組をより推進するため、各種の研究成果や統計情報に基づき、地域の自殺の実態を把握しやすくする情報提供と自殺対策の改善に資する政策評価に関する事業及び研究開発を行います。

⑶　自殺総合対策研究室：　国及び地方公共団体の自殺対策に資する調査研究と研究機関、大学、民間団体等との連携・支援に係わる調査研究を行います。平成29年度から、革新的自殺研究推進プログラムを開始し、その管理運営を担います。

⑷　自殺未遂者・遺族支援等推進室：　自殺未遂者や自死遺族の個別の複雑な背景を十分に理解した上で、地域自殺対策推進センター等が多様な側面から支援し、心理的影響を緩和することができるよう支援を行います。

自殺総合対策推進センターは、国における対策を総合的に支援する

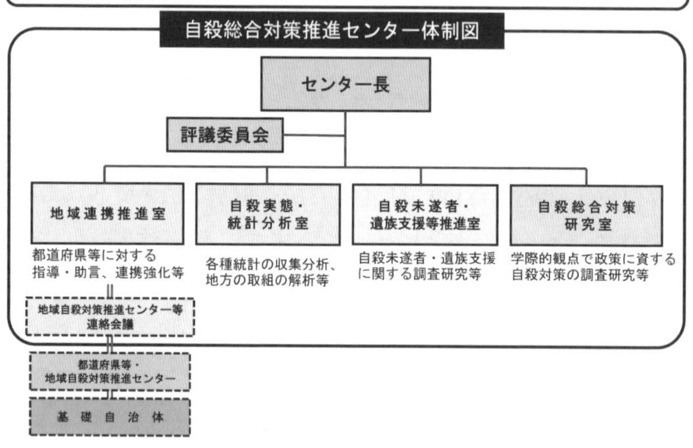

図1　自殺総合対策推進センターの組織

ために、精神保健的な観点に加えて、社会学、経済学、応用統計学等の学際的な視点で事業を進めることと、国がPDCAサイクルを回すためのエビデンスに基づく政策支援が求められています。また、地域レベルの自殺対策の取組を支援するために、民間団体を含む基礎自治体レベルの取組の実務的・実践的支援を強化すること、地域が実情に応じて自殺対策に取り組むための情報提供や仕組みづくりや人材育成等を行うことが求められています。

平成30年度までにすべての都道府県市町村で自殺対策計画を策定することが義務づけられていますが、自殺対策の計画策定から、施策の実施、施策の効果検証、計画の見直しと改善というPDCAサイクルの各段階において、自殺総合対策推進センターはさまざまな関与をすることが求められています。**図2**は自殺総合対策推進センターがどのように具体的に地域自殺対策の推進に関与するかを要約したものです。施策の効果検証のための評価指標の選定や評価システムの構築を自治体の協力のもとで行い、自殺総合対策が円滑に機能していくことを支援することが自殺総合対策推進センターの最優先の業務となります。

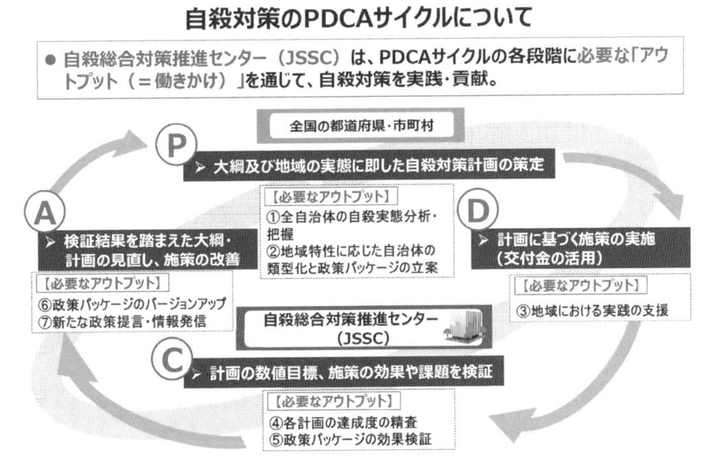

図2　自殺対策全体のPDCAサイクルと自殺総合対策推進センターの役割

Q 05 地域自殺対策推進センターはどのような役割をはたすのでしょうか。

A　改正自殺対策基本法では、都道府県及び市町村は「都道府県自殺対策計画」、「市町村自殺対策計画」を定めるものとしています（第13条）。さらに、自殺総合対策大綱（平成29年7月）において、計画を策定するにあたり、国は地域自殺対策推進センターへの支援を自殺総合対策推進センターにより行うこととされています。地域自殺対策推進センターは都道府県や政令指定都市に設置され、その運営業務の内容は、平成28年5月10日に厚生労働省社会援護局長から都道府県知事政令指定都市市長宛に発出された通知文書「地域自殺対策推進センター運営業務の実施について」に示されています。以下、箇条書きにてその内容を示します。

⑴　職員の配置（専門的知識を有する職員を配置）
⑵　自殺未遂者及び自死遺族支援（自死遺族等が必要とする様々な支援情報の提供、市町村等で対応困難な自殺未遂者及び自死遺族等からの相談、適切な指導又は助言）
⑶　市町村及び民間団体への支援（市町村及び地域の民間団体が行う自殺対策に資する事業に対する相談支援、技術的助言）
⑷　管内の連絡調整（自殺対策連携推進員の設置、連絡調整会議の開催、自殺対策ネットワークの強化）
⑸　自殺対策計画支援（都道府県・管内市町村の自殺対策計画の策定に必要な支援及び情報提供）
⑹　情報の収集等（地域の自殺の実態把握、自殺対策計画に基づき実施する事業等の情報の収集、分析、提供）
⑺　人材育成研修（自殺を考えている者、自殺未遂者及び自死遺族等の

支援に携わる者等への研修の実施）

都道府県及び政令指定都市における地域自殺対策推進センターの設置については、精神保健施策に限らず、生活困窮者自立支援事業等と連携しながら、包括的な支援に資するよう、本庁設置など効果的な設置の検討をしていただくよう特段の配慮をしてもらいたい旨の事務連絡が、厚生労働省大臣官房参事官（自殺対策担当）より発出されています（平成29年3月10日）。また、平成29年6月15日に開催された全国自殺対策主管課長等会議において、「地域自殺対策推進センターの本庁設置について」厚生労働省大臣官房総務課企画官より、地域自殺対策推進センターの運営は本庁設置により効果的なものとなりうるとの趣旨が説明されました。そのような行政説明がなされた背景には、地域自殺対策推進センターは新しい機能を付与された地域自殺対策推進の重要な機関であるにもかかわらず、従来から自殺予防対策の流れの中で、都道府県等の精神保健福祉センターに設置される事例が少なからずあることから、本庁設置の有用性について事務連絡が敢えてなされたものです。

ちなみに、平成30年3月に公表された「平成29年度自治体における自殺対策の施策の実施状況調査」（自殺総合対策推進センター）によれば、地域自殺対策推進センターを設置している自治体は56箇所（83.6％）で、そのうち、精神保健福祉センターに関連して設置している自治体が42箇所でした。また、地域自殺対策推進センターを設置していない自治体11箇所のうち、設置に向けて準備中と回答した自治体が8箇所、将来的に設置を検討と回答している自治体が3箇所でした。

さて、改正自殺対策基本法により地域自殺対策計画の策定が市町村に義務づけられたことにより、市町村の計画策定支援における都道府県の役割が増大しました。地域自殺対策推進センターは、何よりも市町村が自殺対策計画を円滑に策定することができるようさまざまな支援を行うことがその責務とされています。将来的には、策定された市町村自殺対策計画のPDCAサイクルを円滑に回していく地域のエリアマネージャーとしての役割をはたすことが期待されています。平成29年11月に公表された「都道府県自殺対策計画策定の手引き」(厚生労働省)の中の「市町村と都道府県による連携の必要性」という項で、地域のエリアマネージャーとしての地域自殺対策推進センターの役割が分かりやすく記述されていますので、以下にその抜粋をお示しします。

「生きることの包括的な支援である自殺対策の原点は、住民の暮らしの場です。市町村と都道府県は共に住民サービスを担う地方行政の実施主体として、それぞれにおいて強力に、かつ互いに連携することで総合的に、地域の自殺対策を推進することが求められます。

その際、市町村の主な役割としては、住民に最も身近な基礎自治体として、住民の暮らしに密着した広報・啓発、相談支援等を始めとして、地域の特性に応じた自殺対策を推進していく中心的な役割を担うことが求められます。

また都道府県の主な役割としては、市町村を包括する広域自治体として、市町村に対する地域自殺対策推進センターを中心とした支援(計画策定の技術的支援や困難事例に対する連携等)を行うほか、精神保健福祉センター等の都道府県に設置されている機関の業務を行うとともに、広域的な啓発・キャンペーンの展開、地域における自殺未遂者等支援の体制整備、遺された人への情報提供や支援体制の整備等、その都道府県の全域、あるいは二次医療圏など市町村の圏域を越えた地域を対象として実施することが効果的・効率的な施策や事業の実施等を行うことが求められます。」

Q 06 自殺総合対策大綱の概要を教えてください。

A 平成29年7月25日に閣議決定された新たな自殺総合対策大綱では、基本理念として「誰も自殺に追い込まれない社会の実現を目指す」ことが示されました。また、自殺総合対策の基本認識として、「自殺は、その多くが追い込まれた末の死である」、「年間自殺者数は減少傾向にあるが、非常事態はいまだに続いている」、「地域レベルの実践的な取組をPDCAサイクルを通じて促進する」の3つが示されました。さらに、自殺総合対策の基本方針としては、「生きることの包括的な支援として推進する」、「関連施策との有機的な連携を強化して取り組む」、「対応の段階に応じてレベルごとの対策を効果的に連動させる」、「実践と啓発を両輪として推進する」、「国、地方公共団体、関係団体、民間団体、企業、及び国民の役割を明確化し、その連携・協働を推進する」の5つが示されています。

以上のように、理念、基本認識、基本方針が明示されたことにより、すべての都道府県及び市町村において地域自殺対策計画を策定するという政策目標に向けて、自治体関係者の自殺総合対策に関する認識が共有される基盤が形成されたと考えられます。

大綱では、自殺総合対策における当面の重点施策として12の施策が示されています。冒頭に掲げられたのが、「地域レベルの実践的な取組への支援を強化する」という施策です。このことは、自殺総合対策の最重点施策は地域自殺対策の推進であることを示唆するものです。大綱では自殺対策の数値目標として「平成38年までに自殺死亡率を平成27年と比べて30％以上減少させる」という目標が掲げられています。この目標を達成するためには、すべての市町村が地域自殺対策計画を策定し、計画に基づく確実な事業の推進により数値目標を達成させることが求められます。

図1に国が示す重点施策の一覧を示しました。

最も重視されている「1. 地域レベルの実践的な取組への支援を強化する」では、都道府県及び市町村の地域自殺対策計画策定支援のために、自殺総合対策推進センターが地域自殺実態プロファイルや地域自殺対策政策パッケージを作成して、計画策定に資するようにすること、都道府県や政令指定都市に設置する地域自殺対策推進センターへの支援を自殺総合対策推進センターを通じて国が支援することなどが述べられています。

これらの重点施策のうち、「7. 社会全体の自殺リスクを低下させる」、「11. 子ども・若者の自殺対策を更に推進する」、「12. 勤務問題による自殺対策を更に推進する」について、その要点を簡潔に解説したいと思います。

「7. 社会全体の自殺リスクを低下させる」については、さまざまな対策が含まれていますが、若者の自殺対策で注目されている「ICT(インターネットやSNS等)を活用した自殺対策の強化」がとりわけ注目されます。インターネットを活用した検索の仕組みや支援情報の集約と提供、ICTに関する正しい知識の普及の推進、ICTを活用した若者へのアウトリーチ策の強化などが対策として挙げられています。

「11. 子ども・若者の自殺対策を更に推進する」では、いじめを苦にした子どもの自殺の予防、若者・生徒への支援充実などがあげられていますが、とりわけ重視されているのが児童・生徒へのSOSの出し方に関する教育の推進です。つらいときや苦しいときに助けを求めても良いこと、どのように助けを求めるかのスキルを学校教育の場で身につけられるようにすること(SOSの出し方に関する教育)を目的に、すべての児童・生徒に効果的な教育を実施するようにすることが目標となっています。

「12. 勤務問題による自殺対策を更に推進する」では、「働き方改革実行計画」を踏まえた長時間労働是正の推進、過労死等の防止のための対策の充実、ストレスチェック制度の実施などを通じて職場環境の改善を図り職場におけるメンタルヘルス対策を推進すること、小規模事業場における安全管理体制の充実を、産業保健総合支援センターの支援等をうけながら、相談対応などの具体的対策の充実を図ること等があげられています。また、パワーハラスメントやセクシャルハラスメントの防止のための周知・啓発の推進や事案が発生したときの適切な事後対応の取組の推進等が述べられています。

図1　自殺総合対策における当面の重点施策（厚生労働省）

Q07 インターネットやSNSを通じて自殺願望を発信する若者にどのような対策が必要でしょうか。

A　インターネットやSNSを活用した若者に対する自殺対策については、大綱の重点施策「7. 社会全体の自殺リスクを低下させる」の中で言及され、具体的な対策も示されており、その重要性は認識されていました。その後、平成29年10月に神奈川県座間市で発覚したいわゆる「座間事件」により、あらためて政府として重点的な対策を推進することになりました。座間事件は、SNSを通じて「#死にたい」等と自殺願望を発信する若者の心の叫びに付け込んで、加害者が言葉巧みに被害者（9名）を誘い出し殺害したというきわめて卑劣な事件です。

平成29年12月19日、「座間市における事件の再発防止に関する関係閣僚会議」は「座間市における事件の再発防止策について」を公表しました。概要は以下のとおりです。

1 SNS等における自殺に関する不適切な書き込みへの対策

⑴ 削除等に対する事業者・利用者の理解の促進

① 利用規約等（自殺の誘引情報等の書き込みの禁止・削除等）による対応の徹底等に関する事業者への要請

② 利用規約等の遵守に関する利用者への注意喚起

⑵ 事業者・関係者による削除等の強化

① 事業者による自主的な削除の強化

② 事業者による削除を支える団体の支援

③ インターネット・ホットラインセンター及び違法・有害情報相談センターの間の連携強化

2 インターネットを通じた自殺願望を発信する若者の心のケアに関する対策

⑴ ICTを活用した相談機能の強化

① ICTを活用した相談窓口への誘導の強化

② SNS等を活用した相談対応の強化

⑵ 若者の居場所づくりへの支援等

① 新たな居場所づくりのモデルの形成

② 学校との直接のつながりを有さない若者の支援の推進

③ 子ども・若者の自殺対策の更なる推進

3 インターネット上の有害環境から若者を守るための対策

⑴ 教育・啓発・相談の強化

（あんしんネット、冬休み・新学期一斉緊急行動の実施、スクールカウンセラー等の配置の充実、情報モラル教育の充実等）

⑵ 改正青少年インターネット環境整備法の早期施行

（施行時期を平成30年2月に早めるとともに、フィルタリングに関わる説明や有効化措置の事業者への義務付け等の内容の周知徹底を図る）

厚生労働省としては、今後、以下のような対策を行うことになりました（**図1**）。

⑴ ICTを活用した相談窓口への誘導として、「自殺」、「死にたい」等の検索があった場合に適切な相談窓口に誘導する仕組みづくり、インターネットの活用等による新たな情報提供の仕組みの開発を行う。

⑵ SNSによる相談として、広く若者一般を対象とするSNSによる相談事業を開始する、相談事業の実施状況を検証しながら体制整備

の方針・相談支援ノウハウを集約したガイドラインの作成・相談員の研修を実施する。

(3) 若者の居場所づくりとして、地域自殺対策強化交付金を活用した若者向け居場所活動の推進、ゲートキーパー養成研修やSOSの出し方に関する教育のノウハウ等も組み合わせた新しい居場所づくりのモデルを作成する。

子ども・若者の自殺対策は新たな自殺総合対策大綱の重点施策のひとつであり、自殺総合対策の理念である「生きることの包括的な支援」として強力に対策を推進していくことが必要です。再発防止策の検証は、今後、自殺対策基本法に基づく年次報告の作成過程で確実に行うことになっています。また、自殺総合対策大綱の推進状況は、平成30年度に新たに設定する有識者会議で施策の実施状況、目標の達成状況、施策の効果等の評価を行うことになっており、再発防止策についてもこの会議において検証評価が行われる予定です。

	ＩＣＴを活用した相談窓口への誘導	ＳＮＳによる相談	若者の居場所づくり支援
2017年度	○ 「自殺」「死にたい」等の検索があった場合に適切な相談窓口に誘導する仕組みづくり ・ 検索事業者等において、自殺に関する用語が検索された場合、ＳＮＳ等に対応したものを含めたより幅広い相談窓口を紹介できるようＨＰを見直し。 ・ 検索事業者等にＨＰを活用依頼 ・ 厚労省ＨＰの継続的な改善（スマートフォン対応など若者向け改善に着手）	○ 広く若者一般を対象とする、ＳＮＳによる相談事業の開始（地域自殺対策強化交付金を活用） （３月（自殺対策強化月間）に実施） ○ ＩＰ電話に対応した公的な相談窓口の設定について検討・実施	○ 自殺対策に資する若者の居場所づくり好事例を収集し、全国の自治体に横展開。 ○ 厚労省内外の他の居場所づくり関連事業と連携。 ○ ＳＯＳの出し方に関する教育について、文科省との連携通知を発出。
2018年度	○ 若者を相談窓口につなげる支援、ＳＮＳによる相談ノウハウの向上、居場所づくりに対する支援について、具体的な取組と実践的研究を一体的に実施。（地域自殺対策強化交付金を活用）		
	・ インターネットの活用等による新たな情報提供等の仕組みの開発。	○ ＳＮＳによる相談事業の本格実施 ・ 相談事業の実施状況を検証しながら、相談支援ノウハウを集約したガイドラインを作成、相談員の研修を実施。 （文科省と緊密に連携。） ・ 研究成果の実践への還元を図り、ＳＮＳ相談をレベルアップ、取組を波及・拡大。	・ 若者向け居場所活動の推進（地域自殺対策強化交付金を活用） ・ ゲートキーパー養成研修や、ＳＯＳの出し方に関する教育のノウハウ等も組み合わせた、新しい居場所づくりのモデルを作成。

図１　座間市における事件の再発防止に向けた取組（厚生労働省）

 08 関連する諸制度との連携とはどのようなことですか？

A 自殺対策は総合的対策として実施されることが求められています。このことは改正自殺対策基本法の第2条の5において「自殺対策は、保健、医療、福祉、教育、労働その他の関連施策との有機的な連携が図られ、総合的に実施されなければならない」と明記されていることが根拠になります。さらに、新たな自殺総合対策大綱においては、自殺対策を推進するための基本方針として「関連施策との有機的な連携を強化して総合的に取り組む」との方針が示されています。具体的には、自殺の要因となり得る生活困窮、児童虐待、性暴力被害、ひきこもり、性的マイノリティなどの問題について、関連する諸制度との連携を図ることの必要性が例示されています。中央官庁や自治体では担当部署ごとに施策の分担が明確に定められており、また予算も原則として担当部署ごとに別立てであることから、本来的に部署ごとの連携は図りにくい文化があります。しかし、自殺に関連する課題を効果的に解決していくためには、「生きることの包括的支援」という自殺対策の理念を共通の基盤として、このような部署（部局）ごとの縦割りの仕事の進め方を改めて、お互いに連携を図り対策にあたっていくことが求められます。ここでは、大綱でも例示されている生活困窮者自立支援制度と「我が事・丸ごと」地域共生社会施策を例にとって、自殺対策と関連する諸制度との連携をどのように進めていったら良いのかを説明したいと思います。

生活困窮者とは、生活困窮者自立支援法第2条において「現に経済的に困窮し、最低限度の生活を維持することができなくなるおそれのある者をいう」と定義されています。より具体的には、生活保護を受給していませんが、生活保護に至る可能性のある者で自立が見込まれる者ということになります。生活困窮者はその背景として、虐待、性暴力被害、依存症、性的マイノリティ、知的障がい、発達障がい、精神疾患、被災避難、介護、多重債務、労働、介護等の多様かつ広範な問題を複合的に抱えていることが多く、経済的困窮に加えて関係性の貧困があり、社会的に排除されやすい傾向があります。自殺対策の観点からは、生活困窮者は自殺リスクの高い人たちであることを認識し、自殺対策と生活困窮者自立支援制度との連携を図ることが重要です。生活困窮者自立支援制度では、自立相談支援事業、就労準備支援事業、就労訓練事業、一時生活支援事業、住居確保給付金の支給、家計相談支援事業、生活困窮世帯の子どもの学習支援事業などがあります。例えば、自立相談支援事業では生活上の困りごとを抱えている人に対する寄り添い型支援を行いますが、このような支援はまさしく自殺リスクの高い人への支援と密接に関連しています。また、住居のない人に衣食住を提供するという一時生活支援事業は自殺対策で求められる居場所づくりとも関連していると考えられます。このように、生活困窮者自立支援制度の諸事業は自殺対策とは明示されていませんが、実のところ形を変えた自殺総合対策として機能しうるものと考えられるのです。生活困窮者対策と自殺対策の連動については、滋賀県野洲市の事例が好事例として参考になります（総論Q10)。

「我が事・丸ごと」地域共生社会の実現は、厚生労働省が福祉改革の理念として掲げるのは、「地域共生社会」の実現です。公的な福祉だけに頼るのではなく、地域に暮らす人たちが共に支えあう社会にしていこうということです。その具体的な地域づくりについて、厚生労働省の地域共生社会実現本部が中心になってまとめたものです。福祉分野において、福祉は与えるもの、与えられるものといったように、「支え手側」と「受け手側」に分かれるのではなく、地域のあらゆる住民が役割を持ち、支え合いながら、自分らしく活躍できる地域コミュニティを育成し、公的な福祉サービスと協働して助け合いながら暮らすことのできる「地域共生社会」を実現することをめざすものです。「他人事」になりがちな地域づくりを地域住民が「我が事」として主体的に取り組んでいく仕組みを作り、市町村においては、地域づくりの取組の支援と、公的な福祉サービスへのつなぎを含めた「丸ごと」の総合相談支援の体制整備を進めていくという考え方です。もう少しわかりやすく言うと、困った人の問題を我が事と受け止めて行動できる住民を増やし、我が事の意識を醸成する働きかけをしていくことです。

図1は自殺対策と関連する諸制度の連携についてのイメージを示しました。

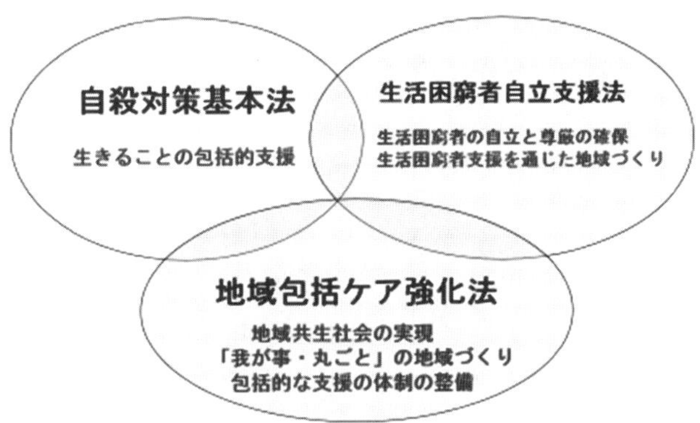

図1　自殺対策と関連する諸制度の連携のイメージ図

Q09 生活困窮者自立支援制度と自殺対策の連携についてその内容を教えてください。

A　生活保護受給者以外の生活困窮者への支援（第2のセーフティネット）を充実・強化する目的で、平成25（2013）年12月に生活困窮者自立支援法が成立し、平成27（2015）年4月から生活困窮者自立支援制度が施行されました。本制度は、全国の福祉事務所設置自治体が実施主体となって、官民協働による地域の支援体制を構築し、自立相談支援事業、住居確保給付金の支給、就労準備支援事業、一時生活支援事業、家計相談支援事業、学習支援事業その他生活困窮者の自立の促進に関し包括的な事業を実施するものです（厚生労働省：「制度概要」）（**図1**）。つまり、生活困窮者が抱える複合的な課題に対応して包括的な相談支援を行う自立相談支援事業を中心とし、個々の生活困窮者の状況に応じ、居住、就労、家計等の相談や支援を一体的に提供するものであり、寄り添い型支援（パーソナルサポート）であることが特徴です。本制度の施行により、全国の福祉事務所に設置された相談窓口では、一人ひとりの状況に合わせた支援プランを作成し、専門の支援員が相談者に寄り添いながら、他の専門機関と連携して、解決に向けた支援が行われています。

自殺総合対策大綱（平成29年7月25日閣議決定）では、支援の在り方において、自殺対策と生活困窮者自立支援制度とは共通する部分が多くあり、両施策を一体的に行うことが重要であることが示されています。また、自殺の背景ともなる生活困窮に対してしっかりと対応していくためには、自殺対策の相談窓口で把握した生活困窮者を自立相談支援の窓口につなぐことや、自立相談支援の窓口で把握した自殺の危険性の高い人に対して、自殺対策の相談窓口と協働して、適切な支援を行うなどの取組を引き続き進めるなど、生活困窮者自立支援制度も含めて一体的に取り組み、効果的かつ効率的に施策を展開していくことが重要であると示されております（第３　自殺対策の基本指針「2.関連施策との有機的な連携を強化して総合的に取り組む」）。

また、「複合的な課題を抱える生活困窮者の中に自殺リスクを抱えている人が少なくない実情を踏まえて、生活困窮者自立支援法に基づく自立相談支援事業において包括的な支援を行うとともに、自殺対策に係る関係機関等とも緊密に連携し、効果的かつ効率的な支援を行う。また、地域の現場でそうした連携が進むよう、連携の具体的な実践例の周知や自殺対策の相談窓口を訪れた生活困窮者を必要な施策につなげるための方策を検討するなど、政策的な連携の枠組みを推進する」ことが示されています。さらに、「関係機関の相談員を対象に、ケース検討を含む合同の研修を行い、生活困窮者自立支援制度における関係機関の連携促進に配慮した共通の相談票を活用するなどして、自殺対策と生活困窮者自立支援制度の連動性を高めるための仕組みを構築する」ことが示されています（第４　自殺総合対策における当面の重点施策「4. 自殺対策に係る人材の確保、養成及び資質の向上を図る」⑬生活困窮者への支援の充実）。

生活困窮者自立支援制度と自殺対策の連携では、例えば、住居がない路上生活者やネットカフェ難民のような住所を持たないことで就業が困難になっている者に対し、一定期間の住居が提供される一時生活支援事業による就業支援等が効果的であると考えられます。

また、生活困窮者自立支援制度は40歳以上も対象となるため、「社会との関わりに不安がある」、「他の人とコミュニケーションがうまくとれない」など、直ちに就労が困難な方に６か月から１年の間、プログラムにそって、一般就労に向けた基礎能力を養いながら就労に向けた支援や就労機会が提供される就労準備事業や、直ちに一般就労することが難しい方のために、その方に合った作業機会を提供しながら、個別の就労支援プログラムに基づき、一般就労に向けた支援を中・長期的に実施する、就労訓練事業（いわゆる「中間的就労」）が提供される就労訓練事業を活用することで、長期化した「引きこもり」の社会復帰の支援としても有効です（注：就労支援は地域の実情に応じて実施する任意事業）。

生活困窮者自立支援制度と自殺対策の連携の事例として、東京都足立区では、相談会等で支援につながった自殺ハイリスク者で個別的な支援が継続的に必要と判断された人に対して、生活困窮者自立支援法を活用し、寄り添い型支援であるパーソナルサポートサービスを実施しています。更に、パーソナルサポートサービスの利用者に対して、朝のあいさつの会や食事会などの居場所づくり活動を実施しています。

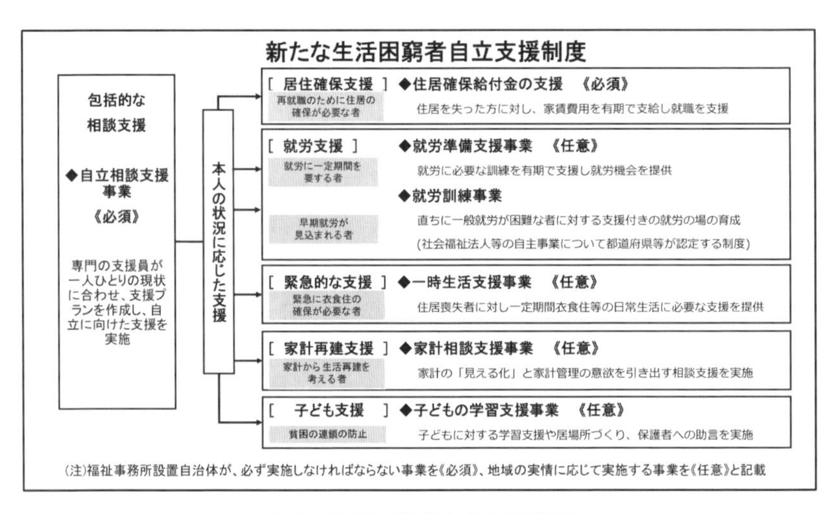

図１　生活困窮者自立支援制度

（厚生労働省資料に基づき作成）

Q10 生活困窮者自立支援制度と連動した自殺対策を行っている自治体の先進事例を教えてください。

生活困窮者自立支援制度と連動した自殺対策を効果的に行っている自治体として滋賀県野洲市の事例を紹介したいと思います。

野洲市の市民生活相談課では、さまざまな悩みを抱えた市民の相談を部局横断的に対応できる仕組みを構築しています。相談を受けた人に対して同意書を取り、庁内で本人の悩みの問題を情報共有できるようにしています。また、庁内のほかにも法律家や社会福祉協議会にも情報共有を行うことで、多様な課題に対応できるようになる仕組みを構築しています。そして、相談者の抱える課題（税金滞納、借金、収入低下、家族がうつ病等）を整理して必要な部署につなぐとともに、食糧支援など緊急支援が必要な場合には市役所が対応します。また、生活再建が必要な場合には、必要に応じて法律家につなげたり就労相談につなげたりします。制度を活用し、孤立を防ぎ、生活自立へ向けて就労支援などを行い、保護からの自立を目指すことを目指しています。

野洲市の生活困窮者支援事業は、相談支援事業、家計相談支援事業、就労促進のための支援事業、貧困の連鎖の防止事業の４つから構成されています。概要は次のとおりです。

⑴　相談支援事業

1)　相談支援については、総合相談窓口が最初の受け皿となり、アウトリーチ、アセスメント、プランニング、フォローアップの４つのプロセスで進めていきます。アセスメントシート、プランシート、評価シートに基づき、自立・転居・他制度へのつなぎ等につなげていきます。支援調整会議は月１回開催されます。

2)　ネットワークづくりについては、弁護士による困難事例ケース検討会を年12回実施し、支援者の連携強化とスキルアップを図ります。

⑵　家計相談支援

生活困窮者を対象に家計の視点から各種の情報提供や専門的な助言・指導を行います。また、相談者自身の家計を管理する力を高め、債務整理や生活資金の貸付などにつないで早期に生活が再生されるよう一緒に取組みます。そして、貸付事業と一緒に行うことでよりよい事業効果が期待されることから、福祉資金貸付事業を実施している野洲市社会福祉協議会へ委託しています。

⑶　就労促進のための支援事業

野洲市役所内に一体的実施施設（やすワーク）を設置し、やすワークに就労支援を集約している。ハローワークの就労支援と市民生活課の生活支援を一体的に実施するようにしている。

⑷　貧困の連鎖の防止

子どもの貧困連鎖防止対策として、教育委員会と協力連携し講師の派遣等により児童・生徒や教員または保護者に対し、貧困についての情報や社会保障等の知識を啓発しています。これにより、貧困問題の意識を高め、困窮する子どもや家庭の発見（アウトリーチ）や支援につなげるようにしています。

以上のように、野洲市では、市民生活相談課が生活困窮者自立支援法に基づく自立相談支援の窓口としてコンシェルジュ（総合世話係）機能を果たし、必要な専門窓口や関係機関につなぐワンストップサービスが実施されています。社会的に孤立した生活困窮者を地域の人々とつなぐ活動は、生きることの促進要因を強化するとともに、自殺リスクを抱える生活困窮者を見出し、支援へとつなぐ自殺対策にもなりえます。市町村レベルでの生活困窮者自立支援担当部門と自殺対策担当部門の連携が求められていますが、野洲市の事例は先進的モデル事例として多くの自治体の参考になると考えられます。

Q 11 自殺予防週間と自殺対策強化月間では、どのような啓発をすれば良いですか。

A 自殺対策基本法において、国民の間に広く自殺対策の重要性に関する理解と関心を深めるとともに、自殺対策の総合的な推進に資するため、自殺予防週間は9月10日から9月16日まで、自殺対策強化月間は3月と規定されています。また、国及び地方公共団体は、自殺予防週間においては、啓発活動を広く展開するものとし、それにふさわしい事業を実施するよう努め、自殺対策強化月間においては、自殺対策を集中的に展開するものとし、関係機関及び関係団体と相互に連携協力を図りながら、相談事業その他それにふさわしい事業を実施するよう努めるものとすると規定されています（第7条）。

また、2017（平成29）年7月25日に閣議決定した、新たな自殺総合対策大綱では、国、地方公共団体、関係団体、民間団体等が連携して「いのち支える自殺対策」という理念を前面に打ち出して啓発活動を推進しています。あわせて、啓発活動によって援助を求めるに至った悩みを抱えた人が必要な支援が受けられるよう、支援策を重点的に実施する。また、自殺予防週間や自殺対策強化月間について、国民の約3人に2人以上が聞いたことがあるようにすることを目指すことが示されています［2. 国民一人ひとりの気づきと見守りを促す　(1)自殺予防週間と自殺対策強化月間の実施］。

自殺予防週間と自殺対策強化月間では、大綱に示された基本方針に沿って、自殺に追い込まれるという危機は「誰にでも起こり得る危機」であるが、危機に陥った人の心情や背景が理解されにくい現実があり、そうした心情や背景への理解を深めることも含めて、自殺の問題は一部の人や地域だけの問題ではなく、国民誰もが当事者となり得る重大な問題であることについて国民の理解の促進を図るための啓発を進めていく必要があります。また、自殺予防週間および自殺対策強化月間では、国、地方公共団体、関連団体、民間団体等が中心となり、協賛団体と一体となって、集中的に啓発事業及び支援策を実施していくことが重要となります。

具体的には、自殺や自殺関連事象、精神疾患等に対する偏見をなくしていくため、新聞、テレビ、ラジオ、ポスター及びインターネット等様々な媒体を活用し、これらについての正しい知識を全ての国民を対象に分かりやすく啓発しています。また、孤立・孤独を防ぐことが自殺予防対策の有効な手段であることから、国民一人ひとりが自分の周りにいるかもしれない自殺を考えている人の存在に気づき、声をかけ、話に耳を傾け、必要に応じて支援先につなぎ、見守っていく「ゲートキーパー」としての意識を持ってもらうよう、自殺の危険を示すサインとその対応方法や、相談窓口の具体的な周知を含めた啓発活動を展開しています。

厚生労働省では、関係省庁、地方公共団体等に関連事業の実施を呼びかけるとともに、支援情報検索サイトによる相談会等の情報提供やインターネット広告を行い、都道府県及び政令指定都市の協力を得て、「こころの健康相談統一ダイヤル」の拡充を行っています。

また、2018（平成30）年3月の自殺対策強化月間では、主な若者一般を対象としたSNS相談事業を新たに実施しました。相談事業では、公募により採択された事業者により、LINEやチャット相談を中心に、必要に応じて、電話や対面相談、一時保護を行う、ネットパトロールを行ってハイリスク者への相談介入を行うなどの活動等が行われています。

地方公共団体においても、ポスター掲示や街頭キャンペーンなど、関係機関・団体と連携して広報啓発活動を推進し、あわせて悩みを抱えた人が必要な支援を受けられるよう、相談対応等の支援策を重点的に実施します。例えば、豊中市では、2018（平成30）年の自殺対策強化月間に、公立図書館において「自殺対策強化月間パネル展」を開催し、こころといのちを守る相談窓口一覧・うつ予防のチェックが掲載されたカード・悩みを抱えている人に対して周囲ができることを掲載したゲートキーパー手帳なども配布しています。また、首都圏の住民は、通勤・通学等のため、都県市を越えて活動していることから、埼玉県、千葉県、東京都、神奈川県、横浜市、川崎市、千葉市、さいたま市、相模原市は、自殺予防週間・自殺対策強化月間において、「気づいてください！体と心の限界サイン」を統一標語に、九都県市共同で広域的な自殺対策に取り組んでいます。

図1　平成29年度　自殺対策強化月間のポスター（厚生労働省）

Q12 児童生徒のSOSの出し方に関する教育はどのような経緯で推進されることになったのですか？

A 平成28年度「児童生徒の問題行動・不登校等生徒指導上の諸課題に関する調査」(速報値）によれば、平成28年度の小中高の児童生徒の自殺者数は244人でした。平成24年～27年の自殺者数は、平成24年195人、25年240人、26年232人、27年215人でした。平成元年から平成22年までは児童生徒の年間自殺者数が200人を超えることはなかったので、平成22年以降は児童生徒の自殺者数は高止まりしている憂慮すべき状況にあると言えます。子ども・若者の自殺者数が平成18年の自殺対策基本法施行以降に減少傾向が認められないことを受けて、平成29年7月に閣議決定された自殺総合対策大綱では、児童生徒の自殺対策を強化するため、あらたに「児童生徒のSOSの出し方に関する教育」を全国的に推進することになりました。その趣旨は、「学校において児童生徒が命の大切さを実感できる教育に偏ることなく、社会において直面する可能性のあるさまざまな困難・ストレスへの対処方法を身に付けるための教育（SOSの出し方に関する教育)、心の健康の保持に係る教育を推進するとともに、児童生徒の生きることの促進要因を増やすことを通じて自殺対策に資する教育の実施に向けた環境づくりを進める」ということです。

これまでも、子どもの自殺を防ぐための手引きなどを国（文部科学省）は公表し、その普及に努力してきましたが、いわゆる「自殺予防教育」は広く全国的に普及しませんでした。その大きな理由は「自殺予防教育」を始める前提条件を厳しくしすぎたためと考えられます。文部科学省は平成26年には「子どもに伝えたい自殺予防（学校における自殺予防教育導入の手引)」を公表し、この自殺予防教育プログラムの推進を図りましたが、平成29年度に実施した調査によれば全国的な実施率は約1.8％にとどまり、プログラムの普及がなかなか進まない状況が浮き彫りになりました。このプログラムでは「死ぬこと」や「自殺」を明示的に取り上げるため、事前に保護者や関係機関との合意形成を図ることを前提としたため、学校現場では実施が難しかったとの現場の声がありました。児童生徒の自殺対策に必要なことは、うつ病の知識の提供や特別な配慮を保護者の同意とともに学校側に求めることではなく、さまざまな困難やストレスに直面したときに身近な信頼できる大人等にSOSを出すスキルをまずは児童生徒に身につけさせることです。自殺に関する特別な知識を提供するのでなければ、保護者の厳格な同意を求める必要はありません。すなわち、「児童生徒のSOSの出し方に関する教育」を全国的に展開していくためには、自殺予防の知識を授ける特別なプログラム（専門家の指導のもとに保護者等の同意を前提とする特別な授業）として位置づけるのではなく、「生きることの包括的な支援」として「困難やストレスに直面した児童生徒が信頼できる大人に助けの声をあげられる」ということを目標として、学校の教育活動として位置づけ、保健師などの外部講師が授業を行うという形で実施していくことが考えられます。

東京都足立区で実践されている教育モデルは、SOSの出し方に関する教育をすべての地域で広げていくために参考となる好事例です。外部講師として地区担当保健師が一回完結式の授業を行う形式です（一回完結式外部講師活用型）。東京都足立区のSOSの出し方に関する教育に込められているキーメッセージは、①自尊感情を涵養する、②信頼できる大人を見つけて話してみる、③信頼できる大人が見つからなかったら、地域の相談窓口に相談する、④SOSの出し方を身につける、ということです。このような先進的な事例を参考にして、地域の実情に合った取組を推進することが望まれます。新たな自殺総合対策大綱において示された「SOSの出し方に関する教育」の推進の方針を受けて、文部科学省初等中等教育局児童生徒課長と厚生労働省大臣官房参事官（自殺対策担当）の連名で「児童生徒の自殺予防に向けた困難な事態、強い心理的負担を受けた場合等における対処の仕方を身に付ける等のための教育の推進について（通知）」（平成30年1月23日、29初児生第38号、社援総発0123第1号）という通知文書が都道府県教育委員会担当課長等宛てに発出された。この通知の要点は以下の5点です。

1. SOSの出し方に関する教育では、従来の教師主体のチームティーチングの形に加えて、保健師・社会福祉士・民生委員等を教育に参画させることも有効性であること。
2. SOSの出し方に関する教育を実施する際には、「24時間子供SOSダイヤル」や「チャイルドライン」などの相談窓口の周知を行うことが望ましいこと。
3. SOSの出し方に関する教育の実施にあたっては、児童生徒の発達段階に応じた内容とすることが重要であることを踏まえ、各学校の実情に合わせて教材や授業方法を工夫することが考えられること。
4. SOSの出し方のみならず傾聴の仕方（SOSの受け止め方）についても児童生徒に教えることが望ましいこと、また電話相談事業を行っている民間団体等に協力を依頼することが考えられること。
5. SOSの出し方に関する教育は地域自殺対策強化事業実施要綱」に規定する「普及啓発事業」、「若年層対策事業」、「地域特性重点特化事業」に該当しうることから、積極的に本事業を活用するよう、市町村に周知を図ること。

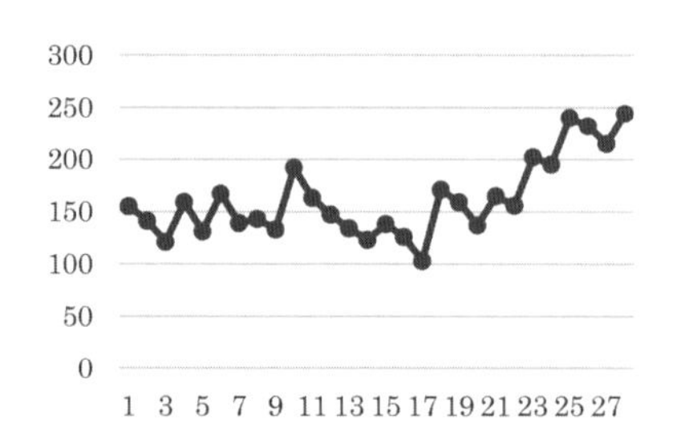

図1　児童生徒の自殺者数の推移（平成元年～28年）

Q13 孤立を防ぐための居場所づくり活動とはどのようなものですか。

A　居場所づくりは新たな自殺総合対策大綱において、重要なキーワードとして随所に言及されています。児童生徒のSOSの出し方教育において孤立を防ぐための居場所づくり等を併せて推進していく、児童虐待や性犯罪・性暴力の被害者への支援の充実において婦人相談所等の関係機関と民間支援団体が連携したアウトリーチや居場所づくりなどの支援の取組を進める、といった言及がなされています。相談などの支援につなげても、対象者が社会的に孤立していて居場所がない状態では対象者の具体的な生きることの支援につながらないからです。大綱では、「7. 社会全体の自殺リスクを低下させる」の中の「19. 自殺対策に資する居場所づくりの推進」において、居場所づくりの重要性が示されています。そこでは以下の2つの施策が提示されています。

⑴　生きづらさを抱えた人や自己肯定感が低い若者、配偶者と離別・死別した高齢者や退職して役割を喪失した中高年男性等、孤立のリスクを抱えるおそれのある人が、孤立する前に、地域とつながり、支援とつながることができるよう、孤立を防ぐための居場所づくり等を推進する。

⑵　相談者が抱える問題を具体的に解決して「生きることの阻害要因（自殺のリスク要因）」を減らす個別的な支援と、相談者の自己肯定感を高めて「生きることの促進要因（自殺の保護要因）」を増やす居場所活動を通じた支援とを連動させた包括的な生きる支援を推進する。

また、「11. 子ども・若者の自殺対策を更に推進する」においては、「貧困の状況にある子どもが抱える様々な問題が自殺のリスク要因となりかねないため、子どもの貧困対策の推進に関する法律に基づき実施される施策と自殺対策との連携を深める」ことが指摘されています。さらに、「生活困窮者自立支援法に基づく、生活困窮世帯の子どもを対象とした居場所づくりを含む学習支援事業を実施するとともに、親との離別・死別等により精神面や経済面で不安定な状況に置かれるひとり親家庭の子どもを対象に、悩み相談を行いつつ、基本的な生活習慣の習得や学習支援等を行う居場所づくりを推進する」とされています。自殺対策とも関係が深い「子どもの貧困対策に関する大綱（平成26年8月29日閣議決定）」では、子どもの貧困に関する指標の改善に向けた重点施策として、ひとり親家庭や生活困窮世帯などへの学習支援、子どもの居場所づくりに関する支援の推進を挙げられています。また、全国で展開されている「こども食堂」などは、地域のボランティア等が子どもや親などを対象に、安い価格もしくは無料で食事を提供しています。夕食などをひとりで食べる状況になりやすい子どもの食事・栄養状態の確保の機会になるとともに、大人や他の子どもと食事をともにできる居場所づくりや、子どもの基本的な生活習慣の習得につながると考えられます。

高齢者を対象とした居場所づくり活動は、農村部での自殺対策の取組の中で多くの好事例が集積してきました。子どもが自立し配偶者に先立たれた地域の高齢者は孤立や孤独に陥りやすく、地域におけるさまざまな地域活動や社会参加の促進が高齢者の自殺対策として重要になってきます。高齢者の居場所づくり活動では、民間団体や市町村の社会福祉協議会等による高齢者サロン活動が多く行われています。心身機能の変化を受け止めることができる体制を構築する必要があり、高齢者の見守り活動・事業と連携し、さまざまな見守り活動を行っている地域住民や民間事業者に、孤独や孤立の予防、解消を目的とした高齢者のメンタルヘルスに対する知識の普及・啓発を行うことも求められます。

高齢者の社会参加と居場所づくりの事例として、読み聞かせボランティアによる高齢者の社会参加の取組について紹介します。この取組は、東京都健康長寿医療センター研究所社会参加と地域保健研究チームが開発した生涯学習・社会貢献プログラムである絵本の読み聞かせボランティア養成プログラムで、通称「りぷりんと」と呼ばれています。高齢者の読み聞かせボランティアは小学生などを対象に絵本の読み聞かせを定期的に行い、世代間の交流を深め、社会参加や生きがいづくり対策として、高齢者の具体的な居場所づくりにつなげる活動です。

以上、紹介したように、居場所づくり活動は若者、退職し役割を喪失しがちな中高年者など世代に関わらず、重要な対策として自殺総合対策の中で位置づけられています。地域づくり活動を積極的に進めつつ、居場所づくりの好事例を参考としながら、地域の特性にあった居場所づくり活動を「生きることの促進要因への支援」として充実させていくことがこれからの自殺対策に求められています。

Q14 高齢者の自殺対策について教えてください。

A 日本の高齢者の自殺率は低下してきているとはいえ、他の世代と比較すると依然として高く、また高齢化の進行とともに高齢者の自殺の割合は徐々に高くなっています。2017（平成29）年7月25日に閣議決定された「新たな自殺総合対策大綱」において示された、自殺率を先進諸国の現在の水準にまで減少させるという目標を達成するためには、高齢者の自殺対策が非常に重要です。自殺の要因は複合的であり、多様な背景や価値観に対応した支援や働きかけが必要です。特に高齢者は、加齢に伴う身体機能の低下や慢性疾患の罹患などの身体的問題や、高齢期に生じるさまざまな環境の変化、配偶者や近親者、友人・知人など身近な人の喪失といったネガティブライフイベントがきっかけで、閉じこもりや抑うつ状態になりやすく、孤独や孤立に陥りやすくなるなどの心理社会的問題が、自殺の大きな要因と指摘されています。

高齢者は地域を生活の場としていることが多いことから、行政サービス、民間事業者のサービス、民間団体の支援等を適切に活用し、生きることの包括的支援としての施策の推進を図る必要があります。したがって、高齢者の自殺対策は、地域包括ケアシステムや地域福祉力強化（我が事・丸ごと）等の施策と連動した事業の展開を図ることや、高齢者の孤立･孤独を防ぐための居場所づくり、社会参加の促進、ソーシャル・キャピタルの醸成を促進する施策が求められます。

自殺総合対策大綱では、「高齢者については、閉じこもりやうつ状態になることを予防することが、介護予防の観点からも必要であり、地域の中で生きがい・役割を持って生活できる地域づくりを推進することが重要である。このため、市町村が主体となって高齢者の介護予防や社会参加の推進等のための多様な通いの場の整備など、地域の実情に応じた効果的・効率的な介護予防の取組を推進する」と提言されています［6．適切な精神保健医療福祉サービスを受けられるようにする　⑹うつ等のスクリーニングの実施］。また、「生きづらさを抱えた人や自己肯定感が低い若者、配偶者と離別・死別した高齢者や退職して役割を喪失した中高年男性等、孤立のリスクを抱えるおそれのある人が、孤立する前に、地域とつながり、支援とつながることができるよう、孤立を防ぐための居場所づくり等を推進する。」と提言されています［7．社会全体の自殺リスクを低下させる　⒆自殺対策に資する居場所づくりの推進］。

自殺総合対策推進センターが作成した「地域自殺対策政策パッケージ」では、高齢者の自殺対策として、1）包括的な支援のための連携の推進、2）地域における要介護者に対する支援、3）高齢者の健康不安に対する支援、4）社会参加の強化と孤独・孤立の予防の４つの施策が提示されています。

1）包括的な支援のための連携の推進とは、健康、医療、介護、生活などに関する様々な関係機関や団体等の連携を推進し、包括的な支援体制を整備することです。

2）地域における要介護者に対する支援とは、介護職員による見守り・気づきや、かかりつけ医・他機関との連携による介護者、家族を含めた包括的な支援を行うことです。取組の事例として、富山県富山市では、要介護者と介護者にとって身近な存在である介護支援専門員に精神保健福祉や傾聴の仕方に関する知識を身につけてもらい、日頃の業務の中で変化に気づいてもらえるようにするため、介護支援専門員を対象としたゲートキーパー養成事業を保健所と介護支援専門員協会が連携して実施しています。

3）高齢者の健康不安に対する支援とは、うつ病を含め、高齢者の自殺原因として最も多い健康問題について、地域のかかりつけ医や訪問看護師・保健師・民生委員・ヘルスサポーターなどが巡回による相談を行ったりすることです。

4）社会参加の強化と孤独・孤立の予防とは、高齢者の社会参加の促進や、市町村の社会福祉協議会等による高齢者サロン活動等の居場所づくりです。高齢者の見守り活動・事業と連携し、さまざまな見守り活動を行っている地域住民や民間事業者に、孤独や孤立の予防、解消を目的とした高齢者のメンタルヘルスに対する知識の普及・啓発を行うことも求められています。取り組みの事例としては、ヘルスメイト（食生活改善推進員）を対象にメンタルパートナーの養成講座を実施し、年3回の弁当配食と1回の会食の際の高齢者への見守りと声かけの実践があります（三重県木曽岬町）。

なお、高齢者の自殺対策は従来からその重要性が認識されており、各種の対策・事業が実施されている地域も少なくありません。そのような地域では、既存事業の拡充、未実施領域への対応や既存関連事業の活用・連携など、地域の対策の実状に合わせた施策の推進が求められます。さらに、大都市部、中都市部、農山村部では、高齢化の進展に差違があることから、地域特性に対応した施策の展開を図る必要があります。

Q15 自殺のハイリスク地ではどのような対策をするべきですか。

A ハイリスク地とは自殺総合対策大綱では「7．社会全体の自殺リスクを低下させる」の中で「危険な場所、薬品等の規制等」において「自殺の多発場所における安全確保の徹底や支援情報等の掲示、鉄道駅におけるホームドア・ホーム柵の整備の促進等を図る」との対策が示されています。また、「10．民間団体との連携を強化する」の中の「民間団体の先駆的・試行的取組や自殺多発地域における取組に対する支援」において「国及び地域における取組を推進するため、民間団体の実施する先駆的・試行的な自殺対策や調査等を支援する」との記載があります。このように自殺のハイリスク地対策は、自殺の多発場所及び自殺の多発地域における対策として示されており、対策として安全確保の徹底や支援情報等の掲示が示されています。「支援情報等の掲示」については、平成29年の大綱の見直しで追加されました。なお、住民以外の自殺が多いと推測される自治体、行政区域には、従来から有名な自殺の多発場所を含む地域の他、大都市圏を後背人口とするような人気の少ない山間部や海・湖沼に面する地域、昼間人口が多い大都市中心部などが該当することがあります。

平成29年12月に公表された「自殺対策政策パッケージ」では、大綱の対策を細くする形でもう少し詳しく対策の具体例が示されていますので、本項では政策パッケージに基づいて、自殺のハイリスク地対策を解説したいと思います。

ハイリスク地の自殺対策としては代表的な対策として、以下の4つが挙げられます。

(1) 関係者によるパトロールや監視カメラの使用： 山梨県のハイリスク地では、行政が雇用した声かけ監視員が昼間に毎日、専用車両により巡回し、自殺念慮が疑われる人に声かけを行い、警察と連携して自殺念慮者を保護する事業を実施しており、効果をあげています。

⑵ 自殺念慮者に対するシェルターによる一時保護と生活支援： 和歌山県では、対面型相談事業、電話相談支援事業による支援に加え、自殺企画者の一時保護施設を設置して、自立した生活に戻るために共同生活をして、考える時間を確保する取組を行いました。

声掛けや支援提供の際には、自殺念慮者のリスクが極めて高い状況であることをふまえた支援体制を考慮する必要があります。ハイリスク地での対策に限ることではないのですが、自殺念慮者によっては仕事や住居、財産をすべて手放してしまっていることもあるため、生活の受け皿が必要になります。居住者ではない自殺念慮者が集まるハイリスク地における自殺対策の取り組みは、住民に対する直接的行政サービスとは言いにくいため、都道府県による広域的な支援が求められます。また、事業の実施に当たっては、予算確保や利害関係者の調整等のために、首長や議会関係者の自殺対策への理解促進のための働きかけが、通常の自殺対策以上に必要とされることが想定されます。留意すべきこととしては、対象となる自殺念慮者は他地域の居住者が多いことから、居住地の関係機関へつなぐ体制の整備を図る必要があります。

⑶ 自殺念慮者への援助を求めるような促し： 森林、岸壁等のハイリスク地を訪れた自殺念慮者に対して、援助を求めるように促す看板（「命は親からいただいた大切なもの。もう一度静かに、両親や兄弟、子どものことを考えてみましょう。一人で悩まず相談してください。」「重大な決断をする前に相談してください。連絡を待っています」「借金は必ず解決できます。私も助かりました。まずは、相談しましょう。」等）を設置し、電話相談や対面相談に応じている例があります。

多発場所での支援情報の掲示も求められます。これらを実施する際には自殺企図が多い時間帯と、支援提供の時間帯がかみ合っていることが望まれます。

⑷ 柵などの設置による飛び降り・飛び込み防止の取組： 和歌山県白浜町では、景観上環境を整備していくのが難しい中、三段壁の中でも特に自殺の多い場所付近に柵の設置する飛び降り自殺防止対策を取っています。また、国土交通省は1日に10万人以上が利用する駅について、視覚障害者の転落防止対策としての視点から、ホームドアを2020年度までに原則として整備することを鉄道各社に求めています。

最後に、地域の連携体制の重要性について認識をしていただきたいと思います。どこが自殺の多発場所なのかを正確に示す統計資料はないのですが、検死や救急出動を行っている警察や消防、関係者の協力により把握される多発場所もあります。地域の連携体制を確立することがハイリスク地での対策の基盤になります。

第2章

地域における自殺対策

Q 01 地域自殺対策計画を策定するための手引の概要を教えてください。

A　平成29年7月25日に閣議決定された自殺総合対策大綱において、「国は、都道府県自殺対策計画及び市町村自殺対策計画の円滑な策定に資するよう、地域自殺対策計画策定ガイドラインを策定する」こととされています。平成29年11月、厚生労働省自殺対策推進室は都道府県及び市町村自殺対策計画の策定に関する標準的な手順と留意点等を取りまとめ、都道府県自殺対策計画策定の手引及び市町村自殺対策計画策定の手引を公表しました。それぞれの手引には、「誰も自殺に追い込まれることのない社会の実現を目指して」という副題が付けられています。

各手引における目次をみると、小見出しで一部異なるものとなっていますが、Ⅰ　自殺対策計画策定の背景　Ⅰ－1　我が国の自殺対策が目指すもの　Ⅰ－2　自殺対策の基本方針　Ⅰ－3　政府が推進する自殺対策　Ⅰ－4　地域で推進すべき自殺対策　Ⅱ　自殺対策計画策定の意義　Ⅱ－1　計画を策定する法的根拠　Ⅱ－2　計画を策定することのメリット　Ⅲ　自殺対策計画策定の流れ　Ⅲ－1　意思決定の体制をつくる　Ⅲ－2　関係者間で認識を共有する　Ⅲ－3　地域の社会資源を把握する　Ⅲ－4　自殺対策計画を決定する　Ⅳ　計画に盛り込む内容の決定　Ⅳ－1　計画の名称を決める　Ⅳ－2　計画の構成を決める　Ⅳ－3　評価指標等を盛り込む　Ⅴ　計画の推進、推進状況の確認等　Ⅴ－1　計画の推進における責任主体　Ⅴ－2　推進状況の把握・確認　Ⅴ－3　推進状況の評価・公表　Ⅴ－4　地域自殺対策政策パッケージへの協力　Ⅴ－5　柔軟な運用の必要性、と共通した見出しが付けられています。

平成18年の自殺対策基本法の制定以降、個人の問題とされてきた自殺は社会の問題として認識されるようになりました。そして、国を挙げた自殺対策の推進の結果として自殺者数は減少傾向にあります。一方で、我が国の自殺死亡率は主要先進7か国の中で最も高く、年間の自殺者数は2万人を超えるなど、いまだ非常事態であることに変わりありません。平成28年に改正された自殺対策基本法では、「誰も自殺に追い込まれることのない社会」の実現を目指し、自殺対策の地域間格差を解消すべく全ての都道府県及び市町村が自殺対策計画を策定することとされました。各都道府県及び市町村によって策定される自殺対策計画は、自殺対策の牽引役となることが期待され、また「生きることの包括的な支援」を推進する力になるものです。そのような都道府県及び市町村自殺対策計画の策定にあたり、都道府県／市町村自殺対策計画策定の手引は、自殺対策の基本方針などそのまま計画に盛り込むことのできる内容も含むものとなっています。

「Ⅳ　計画に盛り込む内容の決定」において、1）はじめに　2）計画策定の趣旨等　3）地域における自殺の特徴　4）これまでの取組と評価　5）いのち支える自殺対策における取組　6）自殺対策の推進体制等　7）参考資料、という計画の構成案が示されています。このうち、「3）地域における自殺の特徴」は自殺総合対策推進センターが提供する地域自殺実態プロファイル等を活用し、「5）いのち支える自殺対策における取組」は自殺総合対策推進センターが提供する地域自殺対策政策パッケージを活用することで、それぞれの具体的内容を記載することが可能になります。地域における自殺の特徴として、全国との比較、過去との比較、対策が優先されるべき対象群の把握が求められますが、地域自殺実態プロファイルはそれらの分析を含む資料となっています。また自殺対策における取組として、全国的に実施することが望ましい基本施策、地域の特性に応じた重点施策等を含むことが求められますが、地域自殺対策政策パッケージはそれらの施策を整理するとともに、さまざまな事例から選択することを可能とする資料となっています。このようにして、自殺対策計画策定の手引、地域自殺実態プロファイル、地域自殺対策政策パッケージを活用し、計画策定を進めていくことが期待されます。

02　モデル市町村自殺対策計画策定事業により明らかとなった計画策定の課題等について教えてください。

A　厚生労働省自殺対策推進室では、平成28年の自殺対策基本法の改正により地方公共団体が地域自殺対策計画を策定することが義務づけられたことを受け、市町村自殺対策計画の策定について、平成29年度に14のモデル市町村を選定しました。モデル市町村自殺対策計画策定事業の目的は、モデル市町村が自殺総合対策推進センター等の支援を踏まえて先行的に実施する計画策定のノウハウ等の成果を全国的に横展開し、平成30年度に実施される市町村における計画策定に資することです。

自殺総合対策推進センターでは、モデル市町村自殺対策計画策定事業に関連して、地域自殺対策政策パッケージの提供、事業の計画・実施に協力し、平成30年3月に、モデル市町村計画策定事業の成果を踏まえ、地域自殺対策推進センターに向け、市町村自殺対策計画策定に係る支援の手引を発出しました。以下、その手引に準じ、モデル市町村自殺対策計画策定事業を通じて示された課題等について言及したいと思います。

まず体制についてみると、モデル市町村では、計画策定に関わる職員は少なくて1名、多くて5名となっており、3～4名での対応が多くみられました。ほとんどの場合、専任で計画策定にあたることはなく、他の既存事業と並行しながらの計画策定業務となっていました。計画を策定するにあたっては、多くの自治体において、十分な人員を確保することが難しい状況にあるとは思いますが、時限的に増員する等の対応が求められます。なお人員不足に対して、安易な外部委託をもって対応することは望ましいことではありません。モデル市町村計画策定事業において、十分な専門性を有していないコンサルタント会社に対して全面的に委託したがために、適切な計画策定とはならなかった自治体もみられました。外部委託をする場合は、計画策定の参考とするデータ分析等の限られた作業領域に関する委託とすることが望ましいと考えられます。

また計画の位置づけについてみると、総合計画や基本計画との関係の中に自殺対策が位置づけられる場合には特に問題はなかったものの、健康増進計画との関係の中に位置づけられる場合等には、地域づくりとして推進されるべき自殺対策がこころの健康という分野に限定されてしまうという事例もみられました。改正された自殺対策基本法における地域自殺対策計画の趣旨に鑑み、他計画の理念や手続き等に縛られないようにすること、また表現の面でも、表題に盛り込む、独立した章立てにする等、地域自殺対策計画の独立性を考慮することが求められます。

市町村自殺対策計画策定に係る支援の手引において、参考資料の一つとして、モデルスケジュールを提示しています。それは、計画を策定する市町村において、どのような作業工程が必要か、どの程度作業時間が掛かるかについて、目安として整理した内容を含むものとなっています。全体的なスケジュールとしては、4月を諸々の準備期間の1か月とし、それからの6か月を計画骨子案作成に至る期間とし、その後2か月を計画骨子案を踏まえた計画素案の作成期間とし、残る3か月をパブコメ、計画最終案作成、印刷等の期間としています。なお庁内における事業を精査し、広く自殺対策に資する施策を分類していく事業の棚卸しは、自殺対策計画を策定する中で重要な作業となります。事業の棚卸しは丁寧に進めれば進めるほど、時間を要する作業となります。特に大規模自治体になるほど、部局・課室数が増えるため、日程等の各種調整に時間が掛かることが予想されます。その他にも、議会対応等自治体の状況によって変動する部分はあるかと思いますが、モデルスケジュールを基礎として、自治体ごとに実現可能なスケジュールを考案することが期待されます。

03 平成29年度に実施されたモデル市町村自殺対策計画策定事業の事例を紹介して下さい。

A 平成29年度に実施されたモデル市町村自殺対策計画策定事業は、平成30年度末までに計画策定を義務づけられている全国の市町村に先駆けて自殺対策計画策定を行うことで、計画策定の課題を整理し、平成30年度に計画策定を行う市町村の円滑な実施に資することを目的に行われました。ここでは、長野県小布施町と北海道帯広市の取組の概要を簡単に説明します。

長野県小布施町は長野県北東部に位置する人口11,009人（平成30年3月末現在）の自治体です。平成29年度に策定された自殺対策計画は、独立した計画として策定されており、全国のモデルとして活用できるものです。小布施町がモデル事業に応募した経緯は次のようなものでした。平成28年に行われた長野県の自殺対策に関するトップセミナーに参加した町長が基調講演を聞いて自殺対策が精神保健上の問題だけでなく生活困窮や介護疲れなどのさまざまな生活課題と関連することを理解し、町長が「誰も追い込まれることのない社会」の実現という自殺対策の理念への共感を持ち、モデル事業への応募を決めることになりました。また、計画策定までの経緯の中で、長野県が総合相談会の打診を町に働きかけたということも自殺対策を立ち上げる上では重要な契機となりました。隣接する自治体との合同で総合相談会を実施する事業を開催することで、自殺対策への理解が深まっていきました。また、モデル事業への参加により、国やNPO団体からの支援を得ることができ、平成30年度からの「小布施町いのちを守るネットワーク推進計画」を策定することができました。計画策定にあたっては、医療、教育、産業、地域、県機関等の関係者で組織する「小布施町いのちを守るネットワーク推進協議会」が組織され、推進役となりました。また、庁内には町長をトップとする「いのちを守るネットワーク推進本部」が設置され、全ての理事者、課長を中心に一部の課会長を本部員として取組を進めました。モデル市町村の取組として特に力を入れたのは、小中学校におけるSOSの出し方に関する教育の研修会です。保健師がSOSの出し方に関する教育の講師になるというコンセプトを理解した上で、保健師の事業への関与をしっかりと位置づけました。

小布施町の自殺対策7本柱は以下のとおりです。

1)　地域・役場組織内におけるネットワークの強化
2)　自殺対策を支える人材の育成
3)　町民の皆さんへのお知らせと知識の共有
4)　生きることの促進要因への支援
5)　若年層への支援の強化
6)　高齢者への支援の強化
7)　失業・無職・生活に困窮している人への支援の強化
*　その他「生きる支援関連施策」の実施

以上の7本柱は、いずれも自殺総合対策大綱の趣旨および地域自殺対策政策パッケージを踏まえて策定されており、モデル計画としてきわめて妥当性のある内容となっています。

次に北海道帯広市の取組を紹介します。帯広市の自殺対策計画は、小布施町と異なり独立した計画ではなく、健康増進計画の一部として策定されたものです。健康増進計画の一部ではなく独立した計画としてはどうかという議論もあったとのことですが、モデル事業を受ける段階においてすでに帯広市は自殺対策計画を健康増進計画の一部にすると決めていたという経緯があり、結果として健康増進計画の一部として策定することになりました。他の計画の一部として計画策定をすることになった場合には、自殺対策基本法の理念に沿った精神保健的観点に留まらない総合的な自殺対策を策定するために、章立てを明確にし、自殺実態プロファイルの分析結果や事業の棚卸し結果をきちんと記載し、他計画の中に自殺対策計画が埋没しないように工夫されています。帯広市においてはモデル事業を進めていく上で自殺総合対策推進センターの助言を受けて、このような工夫を凝らしたことにより、自殺対策計画としての立場がより鮮明になったのではないかと思われます。

帯広市の担当者が最も苦労したことは庁内連携体制の構築でした。副市長をトップとする庁内体制を構築することになりましたが、当初は副市長の理解を得るのに時間がかかりました。しかし、副市長の自殺対策への理解が得られたことにより、副市長が積極的に自殺対策に関わるようになり、庁内連携体制が円滑に進むようになりました。「帯広市生きるを支える連携会議」という庁内組織の名称も副市長自らが考案するなど、トップを巻き込むことにより庁内連携体制の構築が進んだことは特筆されます。次に課題になったのは事業の棚卸しであり、実務者が少ない中で3か月かけて事業の棚卸しが行われました。困難はあったものの、事業の棚卸しは結果的には庁内職員の理解度や意識がより高まる契機となりました。計画策定にあたっては道庁の保健所と一緒に計画を進めたことが良かったという担当者の印象でした。道庁の保健所と合同でゲートキーパー養成講座や個別事業の企画立案と実施を共同で行ったことで広域的視点から計画策定につなげることにもなりました。帯広市においても自殺対策計画において保健師の果たす役割が大きいことが指摘されました。

以上、長野県小布施町と北海道帯広市の二つのモデル事業参加自治体の成果の概要を紹介しましたが、平成30年度に進められる市町村の自殺対策計画策定の参考になるものと考えられます。

04 地域自殺実態プロファイルとはどのようなものか教えてください。

A 自殺対策大綱では「国は、自殺総合対策推進センターにおいて、全ての都道府県及び市町村それぞれの自殺の実態を分析した自殺実態プロファイルを作成し、地方公共団体の地域自殺対策計画の策定を支援する」こととされています。そして、具体的な計画策定の方法を示した都道府県、市町村版の「地域自殺対策計画策定の手引」では、計画の策定を全庁的な取組として進めていく際に、「事業の棚卸し事例集」、「地域自殺対策政策パッケージ」と並んで「地域自殺実態プロファイル」を活用することが推奨されています。

手引では「地域自殺実態プロファイル」の活用の具体的場面が示されています。まず自殺対策を推進するための大前提として、地域の関係者が当該地域の自殺対策に関する認識を共有することが必要となります。この際に全ての都道府県、市町村に提供された「地域自殺実態プロファイル」を庁内の自殺対策関係者間で共有することで、自分たちの自治体でどういった年代や性別、職業等の住民（例えば「40～59歳の男性の無職者で独居の人」、「60代以上の女性で同居人がいる人」、「20～39歳の男性の無職者で独居の人」など）の自殺が多いのか、また全国平均と比較してどのような特徴があるのかなど、地域の自殺実態に関する認識を共有することができます。都道府県においては、都道府県単位の統計だと括りが大きくなり過ぎて地域的な特徴が埋もれてしまう場合があるので、二次医療圏単位や市町村単位の「地域自殺実態プロファイル」を使って地域ごとの実態を把握することが推奨されます。市町村では、当該二次医療圏や当該都道府県等の地域自殺実態プロファイルを参考にすることで周辺地域の状況を参考にすることができます。

また、実際の地域自殺対策計画の本文中で記載する必要がある地域の自殺の特徴についても、「地域自殺実態プロファイル」が活用できます。概ね、手引に示されたような全国との比較や都道府県内の地域（二次医療圏等）との比較、過去との比較（年次推移）、対策が優先されるべき対象群の把握などはプロファイルを用いることで容易に行うことができます。また、「地域自殺実態プロファイル」で示された推奨される政策パッケージを踏まえ、「地域自殺対策政策パッケージ」から、地域の特性に応じた対策（重点パッケージ：例えば「子ども・若者」、「高齢者」等を対象とした対策）を数項目選択の上、政策パッケージで紹介されている事例等を踏まえた計画の策定や事業の企画をすることができます。

「地域自殺実態プロファイル」の冒頭のイメージを**図1**に示します。冒頭に、地域の自殺者の社会的背景（性別、年齢、職業の有無、同居人の有無）の分析に基づいた推奨される対策領域（地域自殺対策政策パッケージの重点パッケージに対応）が示されています。その下には地域に多い自殺者の社会的背景についての統計データや関連する自殺の危機経路（代表的なライフイベントから自殺に至るまでのプロセス）が示されています。

次のグラフには主な社会的背景別の自殺者の割合と死亡率が示され、その下には性別や年代別の自殺率などの全国比較の結果が示されています。これらから、自殺対策を検討する上で必要な地位の自殺の実態が把握しやすくなっています。「地域自殺実態プロファイル」は、自殺者数の統計資料の他、人口統計や就業状況の統計等を用いて作成されており、関連する統計の資料集として独自の集計、分析のための基礎資料としても活用できます。

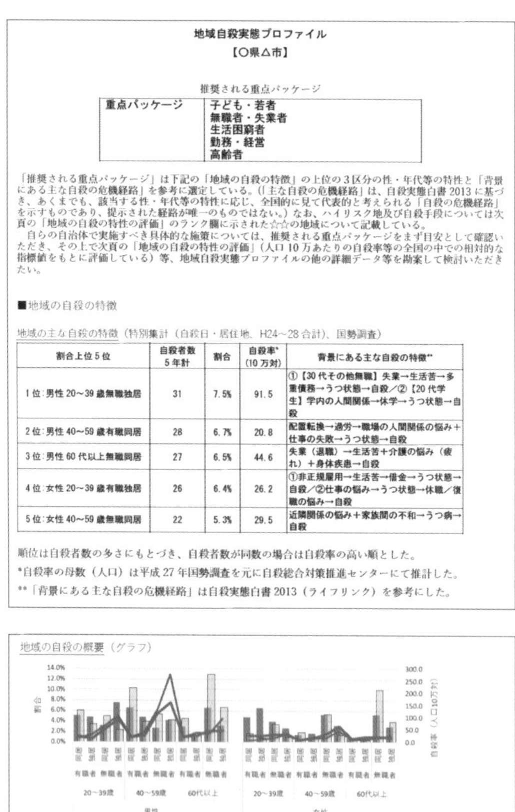

地域自殺実態プロファイル

【○県△市】

推奨される重点パッケージ

重点パッケージ	子ども・若者 無職者・失業者 生活困窮者 勤務・経営 高齢者

「推奨される重点パッケージ」は下記の「地域の自殺の特徴」の上位の3区分の性・年代等の特性と「背景にある主な自殺の危機経路」を参考に選定している。(「主な自殺の危機経路」は、自殺実態白書 2013 に基づき、あくまでも、該当する性・年代等の特性に応じ、全国的に見て代表的と考えられる「自殺の危機経路」を示すものであり、提示された経路が唯一のものではない。) なお、ハイリスク地及び自殺手段については次頁の「地域の自殺の特性の評価」のランク欄に示された☆☆の地域について記載している。

自らの自治体で実施すべき具体的な施策については、推奨される重点パッケージをまず目安として確認いただき、その上で次頁の「地域の自殺の特性の評価」(人口 10 万あたりの自殺率等の全国の中での相対的な指標値をもとに評価している) 等、地域自殺実態プロファイルの他の詳細データ等を勘案して検討いただきたい。

■地域の自殺の特徴

地域の主な自殺の特徴（特別集計（自殺日・居住地、H24～28 合計)、国勢調査）

割合上位5位	自殺者数 5年計	割合	自殺率* (10万対)	背景にある主な自殺の特徴**
1位：男性 20～39 歳無職独居	31	7.5%	91.5	①【30 代その他無職】失業→生活苦→多重債務→うつ状態→自殺／②【20 代学生】学内の人間関係→休学→うつ状態→自殺
2位：男性 40～59 歳有職同居	28	6.7%	20.8	配置転換→過労→職場の人間関係の悩み＋仕事の失敗→うつ状態→自殺
3位：男性 60 代以上無職同居	27	6.5%	44.6	失業（退職）→生活苦＋介護の悩み（疲れ）＋身体疾患→自殺
4位：女性 20～39 歳有職独居	26	6.4%	26.2	①非正規雇用→生活苦→借金→うつ状態→自殺／②仕事の悩み→うつ状態→休職／復職の悩み→自殺
5位：女性 40～59 歳無職同居	22	5.3%	29.5	近隣関係の悩み＋家族間の不和→うつ病→自殺

順位は自殺者数の多さにもとづき、自殺者数が同数の場合は自殺率の高い順とした。

*自殺率の母数（人口）は平成 27 年国勢調査を元に自殺総合対策推進センターにて推計した。

**「背景にある主な自殺の危機経路」は自殺実態白書 2013（ライフリンク）を参考にした。

地域の自殺の概要（グラフ）

■地域の自殺の特性の評価

	指標	ランク		指標	ランク
総数[1)]	25.9	★	男性[1)]	30.6	－
20 歳未満[1)]	2.2	★	女性[1)]	21.2	★★★
20 歳代[1)]	34.3	★★a	若年者(20～39 歳)[1)]	30.9	★★
30 歳代[1)]	27.8	★	高齢者(70 歳以上)[1)]	22.5	－
40 歳代[1)]	28.2	★	勤務・経営[2)]	19.5	★
50 歳代[1)]	32.7	★	無職者・失業者[2)]	56.4	★
60 歳代[1)]	29.4	★	ハイリスク地[3)]	112%/+51	－
70 歳代[1)]	22.8	－	自殺手段[4)]	51%	☆☆
80 歳以上[1)]	22.2	－			

1）自殺統計にもとづく自殺率（10 万対）。自殺者数１人の増減でランクが変わる場合はランクに a をつけた。
2）特別集計にもとづく 20～59 歳を対象とした自殺率（10 万対）。自殺者数１人の増減でランクが変わる場合はランクに a をつけた。
3）自殺統計にもとづく発見地／住居地の比(%)および差(人)。自殺者（発見地）１人の減少でランクが変わる場合はランクに a をつけた。
4）自殺統計もしくは特別集計にもとづく首つり以外の自殺の割合(%)。首つり以外の割合が多いと高い。

ランクの標章（詳細は付表の参考表２、３参照）

ランク	
★★★／☆☆	上位 10%以内
★★／☆	上位 10~20%
★	上位 20~40%
－	その他

図１　地域自殺実態プロファイルのイメージ

Q 05 地域自殺対策政策パッケージとはどのようなものですか？

A 改正自殺対策基本法では、都道府県及び市町村のすべての自治体で自殺対策計画を策定することが義務づけられました。すべての自治体で自殺対策計画が策定されることで、日本のどこに住んでいても国民は自殺総合対策の恩恵に浴することができようになります。しかし、市町村では行政職員やスタッフが十分でないことや、多くの既存業務に加えて新たに自殺対策計画を策定するということに不安を抱える自治体があることも確かです。このような状況を克服し、地域レベルの実践的な取組への支援を強化するために、国は計画策定のために必要な助言や計画策定のための効果的なツールを開発し提供することにしました。具体的には自殺総合対策推進センターが中心になって、地域自殺実態プロファイルと地域自殺対策政策パッケージを開発し、都道府県及び市町村にこれらの計画策定のための支援ツールを提供することになりました。地域自殺実態プロファイルと地域自殺対策政策パッケージは密接な関係を持っています。都道府県及び市町村のそれぞれの自殺の実態を官庁統計に基づき詳細に分析した地域自殺実態プロファイルを参照して地域の現状分析を行ったあとに、地域自殺対策政策パッケージを活用して都道府県及び市町村の地域自殺対策計画策定を支援します。**図1**は、地域自殺実態プロファイルと地域自殺対策政策パッケージを活用して地域自殺対策計画を策定するプロセスを示しています。

地域自殺対策政策パッケージは「基本パッケージ」と「重点パッケージ」から構成されています。基本パッケージは、ナショナル・ミニマムとして全国的に実施されることが望ましい施策群です。これに対して、重点パッケージは、地域において優先的な課題となりうる施策に

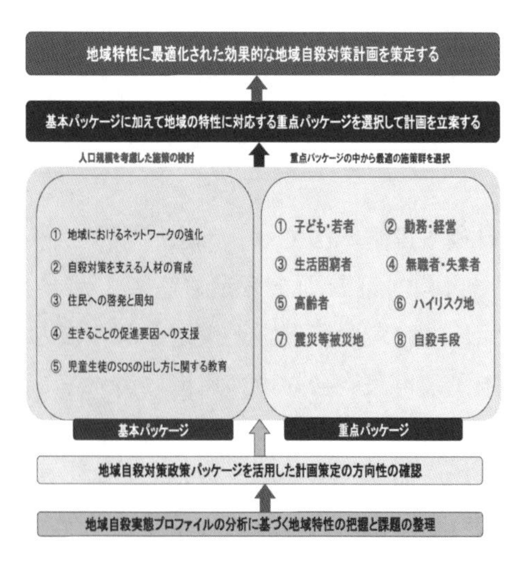

図1　基本パッケージと重点パッケージを組み合わせて効果的な地域自殺対策計画を策定するプロセス

ついて示したものです。都道府県及び市町村の地域特性に応じて地域における自殺対策をより効果的に実施するために基本パッケージに付加することが望まれる施策群として位置づけられています。

基本パッケージでは、次の5つの施策が挙げられています。「SOSの出し方に関する教育」については、命や暮らしの危機に直面したときの問題の整理や対処方法を、児童生徒の段階でライフスキルとして身につけてもらいたいという趣旨で基本パッケージの中に入っています。

【基本パッケージ】

1）地域におけるネットワークの強化

国、地方公共団体、関係団体、民間団体、企業、国民等が相互に連携・協働する仕組みを構築し、ネットワークを強化します。

2）自殺対策を支える人材の育成

さまざまな悩みや生活上の困難を抱える人に対しての早期の「気づ

き」が重要であり、「気づき」のための人材育成の方策を充実させる必要があります。

3) 住民への啓発と周知

自殺に追い込まれるという危機は「誰にでも起こり得る危機」であり、危機に陥った場合には誰かに援助を求めることが適当であるということが、社会全体の共通認識となるように、積極的に普及啓発を行う必要があります。

4) 生きることの促進要因への支援

自殺対策は「生きることの阻害要因」を減らす取組に加えて、「生きることの促進要因」を増やす取組を行うことです。このような観点から、居場所づくり、自殺未遂者への支援、遺された人への支援に関する対策を推進します。

5) 児童生徒のSOSの出し方に関する教育

児童生徒のSOSの出し方に関する教育を全国的に展開していくためには、「生きる包括的な支援」として「困難やストレスに直面した児童・生徒が信頼できる大人に助けの声をあげられる」ということを目標として、学校の教育活動として位置づけ、地区担当の保健師等地域の専門家が授業を行うという形で実施していくことが考えられます。

重点パッケージは次の8つの施策です。地域自殺実態プロファイルにもとづき、地域ごとに推奨される重点パッケージが示されます。都道府県及び市町村は、基本パッケージに加えて地域特性を反映する重点パッケージを付加して最終的な地域自殺対策計画の施策群を構築していくことが望まれます。

【重点パッケージ】

重点パッケージの対策として、子ども・若者、勤務・経営、生活困窮者、無職者・失業者、高齢者、ハイリスク地、震災等被災地、自殺手段について提示しています。

06 地域自殺対策のPDCAサイクルはどのような形で進められるのでしょうか？

A 改正自殺対策基本法で策定を義務づけられた地域自殺対策計画は、すべての市町村において平成30年度末までに策定することになっています。自殺総合対策大綱では、「地域レベルの実践的な取組をPDCAサイクルを通じて推進する」という項において、「国は、地方公共団体による地域自殺対策計画の策定を支援するため、自殺総合対策推進センターにおいて、都道府県及び市町村を自殺の地域特性ごとに類型化し、それぞれの類型において実施すべき自殺対策事業をまとめた政策パッケージを提供することに加えて、都道府県及び市町村が実施した政策パッケージの各自殺対策事業の成果等を分析し、分析結果を踏まえてそれぞれの政策パッケージの改善を図ることで、より精度の高い政策パッケージを地方公共団体に還元することとなった。自殺総合対策とは、このようにして国と地方公共団体等が協力しながら、全国的なPDCAサイクルを通じて、自殺対策を常に進化させながら推進していく取組である」、「国は、自殺総合対策推進センターにおいて、全ての都道府県及び市町村が地域自殺対策計画に基づきそれぞれの地域の特性に応じた自殺対策を推進するための支援を行うなどして、国と地方公共団体が協力しながら、全国的なPDCAサイクルを通じて、自殺対策を常に進化させながら推進する責務を有する」と言及されています。

このように、地域自殺対策計画の策定の義務化と連動する形で、今後の自殺対策においてはPDCAサイクルをきちんと回していくことの重要性が国により明確に示された形になりました。PDCAサイクルとは、Plan（計画）、Do（実行）、Check（評価）、Action（改善）という一連の流れを指し、事業や施策の進捗と管理を円滑に行うことを意味します。ともすれば、評価が悪いと予算が減らされるのではないかということに関心が向けられることが多いようにも思われますが、自殺対策においては法令で義務づけられた計画をより良いものに改善するための枠組みであると捉えた方が良いと思います。地域自殺対策計画の策定が義務づけられた背景は、全国どこの市町村においても住民がナショナル・ミニマムとしての自殺対策を等しく享受できるようにするということがあります。評価が低い自治体に対して予算を極端に減額するということになれば、ますますその自治体はナショナル・ミニマムとしての施策を実施することは難しくなることになりますので、本来の立法趣旨に反することになりかねません。地域自殺対策推進の目標は自殺対策を全国的に均てん化するということですので、評価が低い者に対しては予算の減額というよりは、適切な助言を行うことで計画がより円滑かつ効果的に実施できるように改善を図るように支援するということが望まれるでしょう。

地域自殺対策計画のPDCAサイクルの推進にあたっては、自殺総合対策推進センターが全国的な自治体の計画の進捗管理に深く関わっていくことが大綱でも明確にされています。そのため、自殺総合対策推進センターは自殺対策全体のPDCAサイクルの各段階の政策過程に必要な調査及び働きかけを行い、必要なデータや科学的エビデンスの収集を行うことになっています。大綱で具体的に示された国の自殺対策の効果を検証するためには、全国の自治体が実施した施策に関するビッグデータを自殺総合対策推進センターが効率的に収集した上で、準実験デザインに基づく比較対照研究等の手法を用いて科学的に検証することが必要です。人口規模の小さな自治体などでは施策の実施が自殺率等に及ぼす影響を正確に評価することが困難なことが多いことから、全国の市町村の自殺対策に関するデータを中央で一元的に管理し効果の検証を行うことが必要となるのです。

もちろん各自治体が計画のPDCAサイクルを回すために、自らの自治体の政策評価を検証することは必要なことですが、施策の評価を自殺者数や自殺率というアウトカム変数の増減で検証することは難しいケースが多いということを認識する必要があります。それゆえに、新たな自殺総合対策大綱では自殺総合対策推進センターが中心となって、地域自殺対策のPDCAサイクルの各段階で関与していくことが明記されているのです。

今後、自殺総合対策推進センターでは、国や地方公共団体が協力しながら、全国的なPDCAサイクルを通じて、自殺対策を常に進化させるためのシステムづくりを行うことにしています。平成30年度からは、地域自殺対策のPDCAサイクルをまわすための評価システムを作る予定にしています。具体的には、地域自殺対策推進センターの協力を得て、都道府県ならびに市町村の地域自殺対策計画の進捗状況をきめ細かくは把握できるようにするとともに、地域のデータをもとに地域自殺実態プロファイルや地域自殺対策政策パッケージのバージョンアップを図っていくことにしています。PDCAサイクルを回す各段階において、自殺総合対策推進センターは地域自殺対策推進センターを通じて、市町村の地域自殺対策計画の進捗管理に関する適切な助言をしていくことになります。

第3章

職場における自殺対策

働き方改革はどのように自殺対策に関連するのですか？

A　「働き方改革」とは日本経済再生の観点から、働く人の視点に立って労働制度の抜本改革を行い、企業文化や風土も含めて変えようとする改革です。そして、働き方改革は労働生産性を改善するための最良の手段と位置づけられています。この改革では次の3つの課題が掲げられており、自殺対策と関係の深い課題です。すなわち、⑴正規、非正規の不合理な処遇の差、⑵長時間労働、⑶単線型の日本のキャリアパスを変えていく、です。

以下、政府の文書に基づきその概要を紹介します。行政文書なので固い表現となっていますが、正確性を期するため敢えて引用の形で示します。

⑴　同一労働同一賃金など非正規雇用の処遇改善

雇用形態に関わらない均等・均衡待遇の確保に向けて、政府のガイドライン案を策定（基本給、昇給、ボーナス、各種手当といった賃金、教育訓練や福利厚生も対象とする、不合理な待遇差の是正を求める労働者が裁判で争えるよう、その根拠となる法律を整備）、賃金引上げと労働生産性向上（労働分配率を上昇させ総雇用者所得を増加させる）

⑵　長時間労働について

罰則付き時間外労働の上限規制の導入など長時間労働の是正が対策として掲げられている。時間外労働の上限規制については、週40時間を超えて労働可能となる時間外労働の限度を、原則として、月45時間、かつ、年360時間とする。

特例として、臨時的な特別の事情がある場合として、労使が合意して労使協定を結ぶ場合においても、上回ることができない時間外労働時間を年720時間とする。かつ、年720時間以内において、一時的に事務量が増加する場合について、最低限、上回ることのできない上限として①2か月、3か月、4か月、5か月、6か月の平均で、いずれにおいても、休日労働を含んで、80時間以内　②単月では、休日労働を含んで100時間未満　③原則を上回る特例の適用は、年6回を上限。

パワーハラスメント・メンタルヘルス対策としては、以下の対策が掲げられている。すなわち、労働者が健康に働くための職場環境の整備として、上司や同僚との良好な人間関係づくりを併せて推進する。

① 職場のパワーハラスメント防止を強化するため、政府は労使関係者を交えた場で対策の検討を行う

② 過労死等防止対策推進法に基づく大綱においてメンタルヘルス対策等の新たな目標を掲げることを検討するなど、政府目標を見直す

(3) 単線型の日本のキャリアパスを変えていく

この課題の解決のための対策は多様であり、柔軟な働き方がしやすい環境整備（テレワークや副業・兼業の推進）、女性・若者の人材育成など活躍しやすい環境整備（個人の学び直し支援の充実、多様な女性活躍の推進、就職氷河期世代や若者の活躍）、病気の治療と仕事の両立（治療と仕事の両立に向けて、会社の意識改革と受入れ体制の整備を図るとともに、主治医、会社・産業医と、患者に寄り添う両立支援コーディネーターのトライアングル型のサポート体制を構築する。）、子育て・介護等と仕事の両立、障害者の就労（保育・介護の処遇改善、男性の育児・介護等への参加促進、障害者等の希望や能力を活かした就労支援）、雇用吸収力、付加価値の高い産業への転職・再就職支援、誰にでもチャンスのある教育環境の整備（誰もが希望すれば、高校にも、専修学校、大学にも進学できる環境の整備、高等教育の漸進的な無償化の推進、高齢者の就業促進（将来的に継続雇用年齢等の引上げを進めていくための環境整備））、外国人材の受入れ（高度な技術、知識等を持った外国人材のより積極的な受入れ）

以上が働き方改革の概要です。一読するとわかるように、3つの課題はいずれも自殺対策と密接に関連する課題であり、提示されている施策群は自殺総合対策との連動が図られるべきものです。長時間労働と過労自殺に関する課題は別項で詳細に述べていますので、本項では言及しません。非正規雇用の処遇改善は、若者や中高年の自殺対策においてもきわめて重要な問題です。1990年代以降、日本経済が長期的なデフレによる低迷を続け、結果として1998年の自殺の急増と急増以後の高止まりの自殺率の重要な背景要因となっていました。高度経済成長時代に確立された終身雇用制度が崩れ、非正規雇用層が増大し社会経済格差が拡大したことはよく知られています。高等教育を受ける機会を失った若者は正規雇用にたどり着くことが難しいことが多く、その後の長いライフコースを貧困層として生きることを余儀なくされる可能性があり、結婚・子育てといった機会に恵まれない可能性があります。高等教育の無償化や若者の就労支援は自殺対策と連動して強化されるべき対策です。病気の治療と仕事の両立については、うつ病などのメンタルヘルスの不調のために休業を余儀なくされた勤労者が職場復帰できる環境整備を改善することが、メンタルヘルス対策のみならず職場の自殺対策としても重要であることをあらためて認識することが必要です。子育てや介護等と仕事の両立という課題についても、育児疲れと関連する妊産婦のうつ・自殺対策との関連で留意すべきですし、介護疲れによる無理心中事件に代表される高齢者の自殺を防ぐためにも社会的な取組が求められる課題です。

働くことは、本来、より良い人生を生き自己実現を図るためのプロセスであるはずですが、働くことが勤労者やその家族を追い詰め不幸な事態を引き起こさないように、真の意味での働き方改革が進められることを期待します。

Q 02 過労死及び過労自殺の問題はいつ頃から社会問題化し対策が行われるようになったのでしょうか？

A 筆者が大学医学部を卒業し産業医学・産業保健学を学び始めた1980年前半には、「過労死」という言葉はまだ社会に広く浸透しておらず、長時間労働に起因すると思われる脳血管障害や心臓疾患に起因すると思われる死亡を作業関連疾患として認知させ労災認定に結びつけようとする努力がようやく始まった時期でした。「過労死」という概念を学問的に確立するにあたり大きな貢献をした学者が上畑鉄之丞氏（元国立公衆衛生院次長）でした。上畑氏は「過労死」という用語を1978年に長野県松本市で開催された第51回日本産業衛生学会で初めて使用し、「深夜労働」「長時間労働」「責任の重い労働」「密度の高い労働」といった何らかの促進要因によって高血圧や動脈硬化などが悪化し、重い急性循環器障害を引き起こす可能性を示唆しました。1982年には「過労死：脳・心臓系疾病の業務上認定と予防」（上畑鉄之丞・田尻俊一郎編、労働経済社、1982）という単行本が出版され、過労死問題を社会的に認知させる上で重要な役割を果たしました。

1987年には弁護士による「過労死110番」が設けられ、法的な面を含めて遺族等の相談に応じる活動が始まりました。法的・制度的な面では、1987年に労災認定基準が改訂され「発症1週間内の過重労働の存在」が認定基準に追加されました。2010年には業務上の疾病を掲げる労働基準法施行規則別表第1の2が改正され（2010年5月7日施行）、過労死に至る疾病として、「長時間にわたる長時間の業務その他血管病変等を著しく増悪させる業務による脳出血、くも膜下出血、脳梗塞、高血圧性脳症、心筋梗塞、狭心症、心停止（心臓性突発死を含む。）若しくは解離性大動脈瘤又はこれらの疾病に付随する疾病」が、また過労自殺に至る疾病として、「人の生命にかかわる事故への遭遇その他心理的に過度の負担を与える事象を伴う業務による精神及び行動の障害又はこれに付随する疾病」が、それぞれ追加されています。2014年には「過労死等防止対策推進法」が制定され、「過労死」の法的定義が示されました。

一方「過労自殺」という用語が社会的に認知されたのは1990年代に入ってからで、弁護士の川人博が著した「過労自殺」(岩波新書)が出版されたことで広く知られるようになりました。1991年に起きた入社したばかりの若い電通社員が長時間労働の結果としてうつ病を発症し自殺に至った事例が「過労自殺」として社会問題化しました(その詳細は別項目で解説しています)。過労自殺の社会的背景要因としては長時間労働(残業等)を許容する日本的雇用環境や雇用文化があることが指摘されています。労働基準法の法定労働時間を柔軟化させる「36協定」の存在も大きいことを指摘しておく必要があります。また、夜勤を含む交代制勤務労働、人間関係などのストレスの多い職場環境、ワークライフバランスにおいて私的生活の犠牲を許容してきた企業風土、非正規雇用の増大に伴う勤労者の一人あたりの労働時間の増大などの多くの要因も考慮に入れる必要があります。また、1998年の自殺の急増において中高年男性の自殺が深刻化しましたが、その多くは経済問題を抱えた勤労者や経営者であり、勤務・経営の問題が自殺と深く関わっていることが知られるようになったことも、過労自殺が社会的認知の広がりに寄与したものと思われます。

過労自殺の労災認定にあたっては、自殺に至る直前にはうつ病に罹患していたという医学モデルを適用することで、勤労者が故意により自殺したのではないという法的な論理構成を構築して、労災認定を認めるということに留意する必要があります。現在の自殺総合対策は医学モデルではなく、うつ病等の病気に至る以前の「上流」にあるさまざまな社会経済的要因や生活要因が複合的に関与して自殺に至るという考え方が採用されています。しかし、過労自殺の労災認定にあたっては、うつ病という精神障害に陥った結果として、「自分の意思で自殺に至ったのではない」（故意の欠如の推定）という判断のもとで労災認定が行われるのです。

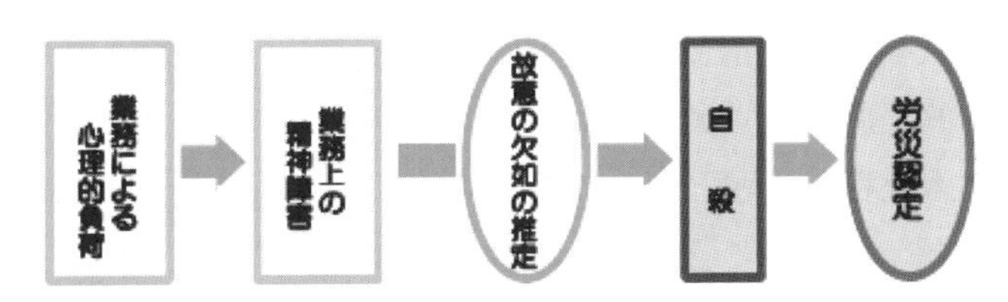

図1　業務による心理的負荷によって精神障害を発病した人が自殺を図った場合は、精神障害によって、正常な認識や行為選択能力、自殺行為を思いとどまる精神的な抑制力が著しく阻害されている状態に陥ったもの（故意の欠如）と推定され、原則としてその死亡は労災認定されます。

Q 03 いわゆる過労自殺を防ぐために必要なことは何でしょうか？
〜医学的な観点とストレスチェック制度について〜

勤務・経営に関する自殺問題として、「過労自殺」は日本的な悪しき労働慣行がその誘因になっているということから社会的にも大きな問題となっています。海外では過労死は「Karoshi」という英語で通じることは良く知られるようになってきました。「働き過ぎで死ぬこと（Death by overwork）」は、欧米の人々には容易に理解しがたいもののようです。スイス・ジュネーブの国際機関の会議に私が出席した折に、国際機関で働く職員に過労死のことを尋ねましたが、勤務時間が来れば職場を退出することが当然であり、そもそも長時間にわたり残業をするという環境が理解できないということでした。欧州では労働組合の力が強いことも関連しているかもしれないとの意見も聞かれました。日本でもようやくワークライフバランスという言葉が通用するようになりましたが、それがなかなか日本で実現できない理由としては、雇用慣行や文化風土の問題もさることながら、社会制度のレベルでの問題があるという認識を持つ必要があると思われます。

政府が推進しようとしている「働き方改革」では、すでに述べたように、長時間労働の是正のために時間外労働の上限規制を設けることを盛り込んでいます。すなわち、上限として、原則として月45時間かつ年360時間とするものです。ただし、特例を設けており「単月では休日労働を含んで100時間未満」としていますが、この特例については100時間未満という数字は許容しがたいという批判的意見もあります。

さて、統計上のデータを見ると、平成29年の自殺者数は21,321人で、職業別に見ると被雇用者・勤め人の自殺者は6,432人で30.2%でした（警察庁「自殺統計」）。構成比は最も多い職業は無職であり12,280人（57.6%）でした。一方、厚生労働省が公表した2016年度の過労による労災補償状況によれば、精神疾患による労災申請は1,586人で、実際に労災認定されたのは498人でした。労災認定されたケースを原因別にみると、職場でのパワハラを含む「嫌がらせ、いじめ、暴行」が74件で最も多く、生死に関わる病気やけが、極度の長時間労働といった「特別な出来事」（67件）や「仕事内容・仕事量の変化」（63件）などの原因を上回っていました（毎日新聞、平成29年6月30日）。労災認定された人のうち、自殺や自殺未遂をしたのは84人でした。

ところで、過労自殺を防ぐために必要なことを論じるためには、長時間労働による過労がうつ病を誘発し自殺に至らしめる医学的背景について、最低限の知識を知っておく必要があります。長時間労働（残業）はそれ自体が身体的・精神的疲労をもたらしますが、その他に業務自体のストレス（単調労働、期限を迫られる等）や交代制勤務による精神的疲労などが複雑に関与しているものと推測されます。長時間労働により帰宅が遅くなることで人間にとって必要な睡眠時間が削られるリスクが高まることも大きな健康上の問題を引き起こします。長時間労働はひとの生活リズムを乱すことで身体に本来備わっている概日リズム（体温の日内リズム等）を乱し、生体リズムの内的脱同調を引き起こす可能性が知られています。このような生体リズムの乱れはうつ症状や精神的不安の増大などの精神症状を引き起こすことが知られており、長時間労働がうつ病と自殺につながる医学的根拠のひとつとなっています。

労災認定された事例について時間外労働時間別に労災支給件数を調べた研究では、月45時間以下と月45時間から100時間以下で労災支給件数に差異はほとんどなく、月45時間以下の時間外労働であっても過労自殺のリスクは月45時間から100時間と変わらないという結果が得られています。このデータは長時間労働の上限規制において、月45時間という数値があくまでも目安にすぎないことを示唆しているものと考えられます。要するに、過労自殺を予防するためには、理想論ではあっても、労働基準法の定める週40時間の法定基準になるべく近づけることが望ましいということです。

以上を踏まえて、職場において実践されている具体的な自殺対策（メンタルヘルス対策）についてお示しします。

職場における自殺対策はメンタルヘルス対策の一環として行われていることが多く、多くの企業や事業所では労働安全衛生法にもとづく産業保健活動として実施されています。労働衛生法が改正され平成27年12月から導入されたメンタルヘルスに関するストレスチェック制度が良く知られており、多くの職場で実践されています。ストレスチェック制度はすべての労働者を対象に年1回実施することが義務づけられ、労働者が自分のストレスの状態を知るために簡単なストレスに関する質問票に自ら記入し、自分のストレスの状態を知るという制度です。ストレスが高いと判定された人に対しては、本人からの申し出があれば医師による面接指導が実施され、必要に応じて就業上の措置がとられます。一方で、職場全体の集計結果を分析することで企業側はストレスの多い環境を改善するなどの措置を努力義務として行います。

医師による面接指導では、長時間労働者と高ストレス者の二つの面接指導が設けられており、それぞれにおいて事業者への意見具申がなされる仕組みになっています。例えば、長時間労働者に関する意見具申で、医師は具体的な時間外労働の短縮を具申することが可能ですので、医師が作成する意見書の役割は大きいと言えます。

Q04 いわゆる過労自殺を防ぐために必要なことは何でしょうか？ ～大綱で示された対策と事業者がなすべき努力～

産業保健の現場（企業の産業医や労働安全衛生委員会等が日常的に行う活動）において行われている対人支援レベルの対策の重要性に加えて、大綱では社会制度のレベルで対応すべく過労自殺対策について示しています。

労働基準法で定められた法定労働時間は、「36協定」と呼ばれる例外規定のために、時間外労働の上限を、原則、月45時間以内、かつ年360時間以内と定めています。しかし、これには罰則等による強制力がない上、労使が合意して特別条項を設けることで、上限無く時間外労働が可能となっています。「働き方実行計画」では、「罰則付き時間外労働の上限規制の導入など長時間労働の是正を図ることを大前提にマンパワー当たりの生産性を上げつつ、ワークライフバランスを改善し、女性や高齢者が働きやすい社会に変えていく」と指摘されています。

社会制度レベルでの対応として、新大綱では「小規模事業場に対しては、安全衛生管理体制が必ずしも十分でないことから、産業保健総合支援センターの地域窓口において、個別訪問等によりメンタルヘルス不調を感じている労働者に対する相談対応などを実施するとともに、小規模事業場におけるストレスチェックの実施等に対する助成措置等を通じて、小規模事業場におけるメンタルヘルス対策を強化する」との記述が盛り込まれています。さらに、「働き方改革実行計画」（平成29年3月28日働き方改革実現会議決定）や「健康・医療戦略」（平成26年7月22日閣議決定）に基づき、産業医・産業保健機能の強化、長時間労働の是正、法規制の執行の強化、健康経営の普及促進等をそれぞれ実施するとともに、それらを連動させて一体的に推進することにも言及がなされています。

また、企業レベルの対応（地域連携のレベルの対応）としては、長時間労働を許容する文化風土を改善することが求められています。企業文化や取引慣行を見直すなど時間外労働を実質的に削減していく努力が企業側には必要になります。平成29年に社会問題化した電通の女性社員の過労自殺問題に象徴されるように、日本を代表する大企業において、過去の苦い経験を活かすことができず再び同様の過労自殺事案が発生したことは、過労自殺問題を巡る企業文化が十分に改善されてこなかったことを示唆しています。

平成29年1月に公表された中央労働災害防止協会のストレスチェック制度に関する企業を対象としたアンケート調査結果によると、課題として「実施結果の活用の仕方」と「マンパワー不足」が明らかになりました。ストレスチェックの実施自体が従業員のメンタルヘルスに関する啓発になっているとの意見があり、ストレスチェック制度を活用して職場の環境改善につながる取組を進めていく有効性も示唆されています。単にメンタルヘルスのハイリスク者のスクリーニングというだけではなく、職場におけるヘルスプロモーション活動を推進する有効なツールとしてもストレスチェック制度を活用するのが良いと考えられます。

さて、企業が自殺対策を進める必要性は改正された自殺対策基本法に示されています。自殺対策は「誰も追い込まれることのない社会」の実現に向けた「生きることの包括的な支援」にあります。企業が人々の生活を支え、働くことにより生きがいや幸福を追求する場であることを今一度確認する必要があります。また、個人が人生を過ごす時間は働く場だけでなく、家族と生活し私的生活を充実させる場にもあるという当たり前のことを国民や企業人が最低限の共通理解として共有することも必要です。「働き過ぎによる死」は「生きることの包括的支援」とは逆方向の出来事であり、働くことに過度の価値を見いだす文化は、自殺対策基本法が示す価値とは必ずしも合致しないことを十分に理解しなければなりません。

最後に、企業における自殺対策の取組の好事例を紹介します。事例は第90回日本産業衛生学会・緊急企画シンポジウム「過労自殺をなくすために〜近未来に向けて取り組むべき課題」(2017年5月11日(木) 開催) において紹介されたものです。A社では2008年より長時間労働縮減策が本格的に開始され、2010年からはワーク・ライフ・マネジメント意識の向上を目的として毎年11月をW啓発月間としています。具体的な取組として、働き易い環境を形成するためのフレックスタイム制勤務、裁量勤務 (Eワーク)、在宅勤務・サテライトオフィス勤務などの諸制度や、電話会議・TV会議・WEB会議、iPhone・iPadなどのツールの導入、時間外労働・休日労働等に関する事業所労使協定再徹底、数値目標設定などが行われています。過労自殺をなくすためには、長時間残業を削減するための個々の従業員の意識改革と、企業風土の醸成と不調時に産業保健スタッフに本人や上長から相談できる個々の従業員との信頼関係の醸成が必要であるとの考察がこの事例から引き出されました。

長時間労働に起因する過労自殺対策としては、ストレスチェック制度の活用などの対人支援レベルの対応とともに、企業レベルの自主的取り組みも必要です。長時間労働の問題を「健康経営」の問題として捉え、企業のトップが率先して取組を推進していくことが重要であることは企業の先進的取組事例からも示唆されます。過労自殺対策の取組の推進は、結果として企業価値を高め、社員が持てる能力を最大限発揮することにより生産性の向上にもつながることになるものと考えられます。

Q05 最高裁まで争われた電通事件という過労自殺事案の概要を教えて下さい。

A 電通事件と呼ばれる有名な過労自殺の事案は1991年に起きました。この事案では入社したばかりの24歳の男性が、長時間労働に起因すると考えられるうつ病に罹患し自殺に至りました。このケースは自死遺族が会社側に不法行為または安全配慮義務違反による損害賠償請求をするという形で裁判で争われ、地裁、高裁、最高裁と争われ、最終的には自死遺族と会社側が和解するという形で決着しましたが、実質的には自死遺族側の勝訴に近い和解となりました。

最高裁判決は、いくつかの重要な論点において、その後の過労自殺対策の方向性を決めていくことになる判断を示しました。まず第一に、会社側に不法行為責任を認め、長時間労働と自殺（過労自殺）との間に相当因果関係を認めたことです。相当因果関係とは、自然科学的な検証に基づく判断ではなく、法的な判断として原因と結果に関連性があると認めるということです。第二に、このケースにおいて自殺に至った原因が性格などの個人要因に帰することが妥当ではないという判断を示したことです。本事案においては、東京高裁の判決ではAさんの性格や両親の対応を理由に賠償額を減額するという判断を示したのですが、これに対して最高裁は否定的な判断を示しました。うつ病に罹患した原因を本人の性格（うつ病親和的性格）に帰するという誤った法的判断が是正されたことは意義が大きいものです。司法の場において「うつ病親和性格」といった現代医学からすれば時代遅れの考え方を持ち出すことをそもそも認めるべきものではないと思われますが、裁判の争い方としてこのような科学的根拠に基づかない説がまかり通るという現実はしっかりと認識し、医学関係者は司法関係者の理解を正す必要があるということです。

さて、以上の解説を踏まえた上で、電通事件の事案の概要を説明します。なお、以下の事案の詳細は厚生労働省のメンタルヘルスポータルサイトこころの耳を参考にしていますが、一部内容を改変しています。

大手広告代理店に勤務する新入社員の24歳男性のAは、1990年4月に入社し、同年6月以来、長時間にわたる残業を余儀なくされ、長時間残業の状態が1年余り継続しました。1991年3月には長時間残業を認識した上司が、期限内に業務を遂行することを前提として、帰宅してきちんと睡眠をとり翌朝早く出勤するようにと指導しましたが、それ以上の措置はとりませんでした。1991年1月以降、帰宅しない日があるようになり、同年7月には元気がなく顔色も悪い状態となりました。さらに、同年8月に入ると、「自信がない、眠れない」と上司に訴えるようになったほか異常行動もみられ、遅くともこの頃までにうつ病に罹患したものと推測されます。そして、わずか入社1年5か月後の1991年8月27日、自殺に至ったという事案です。

一審（東京地裁1996年3月28日判決）では、会社に約1億2,600万円の賠償金の支払が命じられ、これを不服とした会社は控訴し、二審（東京高裁1997年9月26日判決）では、Aの性格や両親の対応を理由に賠償額が減額され、約8,900万円の支払いが命じられました。さらに会社は上告し、その取消を求めたのが最高裁の裁判です（2000年3月24日最高裁第2小法廷判決）。最高裁は、二審の損害額の算定（減額）についての判断を破棄、差戻し（裁判のやり直しを命じること）としましたが、その後の差戻審（東京高裁における審理）において、最終的には、会社が約1億6,800万円を支払うとの内容で和解が成立しています。

最高裁の判断は、業務と自殺との間に相当因果関係が認められるという論点については、長時間労働によるうつ病の発症、うつ病罹患の結果としての自殺という一連の連鎖が認められ、相当因果関係ありと判断しました。それまでの裁判例では自殺と業務との間に相当因果関係を認めることに慎重でしたので、この最高裁判決は画期的なものでした。また、会社に注意義務ないし安全配慮義務違反があったかについては、「使用者は、その雇用する労働者に従事させる業務を定めてこれを管理するに際し、業務の遂行に伴う疲労や心理的負荷等が過度に蓄積して労働者の心身の健康を損なうことがないよう注意する義務を負うと解するのが相当であり、使用者に代わって労働者に対し業務上の指揮監督を行う権限を有する者は、使用者の右注意義務の内容に従って、その権限を行使すべきである」とした上で、Aの上司らは、Aが恒常的に著しい長時間労働に従事していること及びその健康状態が悪化していることを認識しながら、その負担を軽減させるような措置を取らなかったとして、会社の注意義務違反を認めました。

最後に、Aの性格や両親の対応などを損害額算定の際に減額事由として考慮すべきかについては、二審では、真面目で完璧主義、責任感が強いといったAのうつ病親和的性格や、同居していた両親がAの勤務状況を改善する措置を講じなかったことを減額事由（民法722条2項の過失相殺の類推適用）として考慮されましたが、最高裁判決では、労働者の性格が個性の多様さとして通常想定される範囲を外れるものでない限り、その性格を賠償額の算定に斟酌すべきではないとし、また、両親の対応についても、Aが独立の社会人として業務に従事していたのであるから、勤務状況を改善する措置を取り得る立場にあったとは、容易にいえないとして、二審での損害額の減額は違法であると判断しました。しかしながら、本判決以降に言い渡された過労自殺の事案についての下級審判決では、上記の事由を減額事由として斟酌するものがみられ、電通事件の最高裁判決が特殊な位置づけとして取り扱われているのは残念なことです。

以上が電通事件として有名な事案の詳細です。2017年には、第二の電通事件ともいうべき若い女性新入社員の過労自殺の事案が報道され、あらためて社会問題になりました。この事案の詳細についてはここでは述べませんが、1991年の過労自殺の事案発生後20年以上経過しても、長時間労働を許容する企業風土がなかなか改善されなかったために、不幸な事案が再び社会問題化したと考えるべきでしょう。過労死防止対策等基本法が施行された現在においても、過労自殺を防ぐための社会的取組の一層の推進が必要であることを国民全体が認識することが求められています。

Q06 ハラスメント対策の効果的な対策事例について教えて下さい。

A ハラスメントは勤務問題に関する自殺の大きな背景要因となります。大綱に記されているとおり、自殺はさまざまな複合的要因が連鎖して生じると考えられており、職場における自殺事案についても、長時間労働、パワーハラスメント、仕事の困難さによるストレス、締め切りが迫られている等の心理的圧迫などの複合的要因が相互に影響しあって起きると考えられます。その中でも、日常的に上司から嫌がらせを受けるなどのパワーハラスメントは弱い立場にある勤労者が逃れられない職場環境の中で精神的苦痛をもたらすものであることから、その防止対策は重要です。

ハラスメント（harassment）の英語本来の意味は、他人に迷惑をかけたりや困ったりさせる行為のことです。加害者本人が自覚していなくてもハラスメントであることがあります。また、職場における上下関係、男女が一緒に仕事する環境、同僚同士の人間関係において、ハラスメントが起きる可能性があります。パワーハラスメント（パワハラ）、セクシャルハラスメント（セクハラ）、モラルハラスメント（モラハラ）といった言葉が使われることが多いのですが、その内容について、経営者・勤労者のすべての人が理解する必要があります。

効果的なハラスメント対策の紹介

ハラスメントや長時間労働は、往々にして勤務歴が短い等、職場の中で弱い立場にある労働者が被害を受けやすい傾向があります。職域におけるハラスメント対策の実施状況を地域の経済団体や関係部局が共有し、社会全般のハラスメント防止への意識、関心の向上を図り、職域におけるハラスメント防止対策の促進を支援する必要があります。

⑴　企業におけるハラスメント防止対策

T社では、ハラスメントフリーの推進を進めており、ハラスメントアンケートの実施や定期的なモニタリングを行っています。また、社内でハラスメント教育を継続して実施しています（厚生労働省、働き方休み方改善ポータルサイト、改革事例集）。

⑵　官公庁におけるハラスメント防止対策

名古屋市では「名古屋市職員パワーハラスメント防止等の手引き」（平成28年）を作成、勤務条件、執務環境への苦情や相談申し入れの複数の連絡先を提示し、またイントラネットを用いて人材育成・コンプライアンス推進室を通じたパワーハラスメントに関する情報提供を行っています。

労働者が健康に働くための職場環境の整備に必要なことは、労働時間管理の厳格化だけではありません。上司や同僚との良好な人間関係づくりを併せて推進することが必要です。

職場におけるパワーハラスメントの対策をどのように進めたら良いのですか。

職場のパワーハラスメントは、平成24年に公表された職場のいじめ・嫌がらせ問題に関する円卓会議・ワーキング・グループにおいて次のように定義されています。

「職場のパワーハラスメントとは、同じ職場で働く者に対して、職務上の地位や人間関係などの職場内の優位性を背景に、業務の適正な範囲を超えて、精神的・身体的苦痛を与える又は職場環境を悪化させる行為をいう。」

パワーハラスメントは6つの類型に分類されています。

⑴　身体的な攻撃（蹴られたり、殴られたりした）
⑵　精神的な攻撃（皆の前で、ささいなミスを大きな声で叱責された）
⑶　人間関係からの切り離し（先輩・上司に挨拶しても、無視され、挨拶してくれない）
⑷　過大な要求（達成不可能な営業ノルマを常に与えられる）
⑸　過小な要求（他の部署に異動させられ、仕事は何も与えられない）
⑹　個の侵害（休みの理由を根掘り葉掘りしつこく聞かれる）

パワーハラスメントを受けたことにより、受けた本人に身体的・精神的苦痛等が生じうつ病などのメンタルヘルス不調の原因になることはもとより、職場全体の勤労意欲を低下させ、業務の効率的運営を妨げるなどの企業にとっての不利益が生じる可能性もあります。自殺対策の観点から言えば、精神的苦痛に伴う精神疾患の発症やそれに伴う休業などによりパワーハラスメントを受けた人の自殺のリスクが高まる可能性が危惧されます。一方で、パワーハラスメントの加害者の上司自身も問題が表面化した場合には、職場における信用の失墜や懲戒処分を受ける可能性があり、加害者本人にとっても好ましいことではありません。

厚生労働省が平成24年7月から8月にかけて、全国の従業員30人以上の企業17,000社及び従業員9,000名に対して行った調査では、以下のような実態が明らかにされました。

⑴　パワーハラスメントに関連する相談がある職場に共通する特徴として、「上司と部下のコミュニケーションが少ない職場」が51.1%と最も多くなっています。他にも、「正社員や正社員以外など様々な立場の従業員が一緒に働いている職場」(21.9%)、「残業が多い／休みが取り難い職場」(19.9%) といった回答が多くなっていました。

⑵　パワーハラスメントを受けた内容（従業員調査）

女性・男性ともに、受けたことがあるパワーハラスメントの内容は「精神的な攻撃」が最も多く、55%以上となっています。他には、「過大な要求」(男性31.2%、女性25.2%)、「人間関係からの切り離し」(男性21.5%、女性29.0%) の割合が高くなっていました。

⑶　パワーハラスメントの予防・解決に向けて勤務先が具体的に実施している取組（従業員調査）

「パワハラについて相談できる窓口を設置している」が44.1%と最も高く、続いて「就業規則などの社内規定に盛り込んでいる」(25.4%)、「パワハラについて講演や研修会を行っている」(19.7%) という結果でした。

職場におけるハラスメントを防ぐための対策として、厚生労働省は「職場のいじめ・嫌がらせ問題に関する円卓会議・ワーキング・グループ報告」において次のような取組のポイントを提言しています。

⑴　企業や労働組合：　予防のために、トップのメッセージ、ルールを決める、実態を把握する、教育する、周知をする。

⑵　トップマネジメント：　パワーハラスメントが生じない組織文化を育てるために、自ら範を示しながら、その姿勢を明確に示すなどの取組を行う。

⑶　上司：　自らがパワーハラスメントをしないことはもちろん、部下にもさせてはならない。ただし、必要な指導を適正に行うことまでためらってはならない。

⑷　職場の一人ひとり：　①人格尊重　互いの価値観などの違いを認め、互いに受け止め、人格を尊重しあう　②コミュニケーション　互いに理解し協力し合うために、適切にコミュニケーションを行うよう努力する　③互いの支えあい　問題を見逃さず、パワーハラスメントを受けた人を孤立させずに声をかけ合うなど、互いに支えあう。

⑸　関係団体：　この提言を周知し、対策が行われるよう支援することを期待する。

08 職場におけるセクシャルハラスメント対策をどのように進めたら良いのですか。

A セクシャルハラスメントの事案は予想以上に多いのが現状です。最近も財務省や厚生労働省の幹部がセクシャルハラスメントを起こしたということでマスコミを賑わしました。平成28年度において都道府県労働局雇用環境・均等部（室）で扱った相談・是正件数の統計によると、相談件数21,050件のうちセクシャルハラスメントに関する相談は7,526件で全体の35.8%、次いで婚姻、妊娠・出産等を理由とする不利益取扱いが5,933件で全体の28.2%でした。そして、労働局長による紛争解決の援助（申立受理件数294件）については、婚姻、妊娠・出産等を理由とする不利益取扱いに関する事案が49.7%で最も多く、次いで、セクシャルハラスメントに関する事案（42.5%）となっている。

セクシャルハラスメントでは、相談に来ないケースも起きていると考えられ、会社などの組織として真剣に対策を立てることが必要です。男女雇用機会均等法においては職場におけるセクシャルハラスメントは次のように定義されています。

「職場におけるセクシャルハラスメントは、職場において行われる、労働者の意に反する性的な言動に対する労働者の対応により労働条件について不利益を受けたり、性的な言動により就業環境が害されること」

性的な言動の例としては、性的な事実関係を尋ねること、性的な内容の情報（噂）を流布すること、性的な冗談やからかい、食事やデートへの執拗な誘い、個人的な性的体験談を話すことが挙げられます。性的な行動の例としては、性的な関係を強要すること、必要なく身体へ接触すること、わいせつ図画を配布・掲示すること、強制わいせつ行為、強姦などが挙げられます。

職場におけるハラスメントには「対価型」と「環境型」が上げられます。対価型とは、性的な言動に対して労働者が拒否や抵抗することで、労働者が解雇等の不利益を受けることです。環境型とは、性的な言動により就業環境が不快なものとなり労働者が就業する上で看過できない支障が生じることをさします。

さて、セクシャルハラスメントは自殺問題とどのように関わるかということですが、自殺に至る危機経路において、性暴力被害や職場の人間関係の悪化が勤労者のメンタルヘルスに影響を及ぼし、うつ状態や精神疾患を引き起こす可能性があります。自殺総合対策大綱においては、第4の当面の重点施策の5の(1)の職場のメンタルヘルス対策の推進において、「全ての事業所においてセクシャルハラスメント及び妊娠・出産等に関するハラスメントがあってはならないという方針の明確化及びその周知・啓発、相談窓口の設置等の措置が講じられるよう、また、これらのハラスメント事案が生じた事業所に対しては、適切な事後の対応及び再発防止のための取組が行われるよう都道府県労働局雇用環境・均等部（室）による指導の徹底を図る」と記載され、セクシャルハラスメント対策は自殺対策として重要であることが示されています。

また、第4の7の「社会全体の自殺リスクを低下させる」の「児童虐待や性犯罪・性暴力の被害者への支援の充実」において、「性犯罪・性暴力の被害者の精神的負担軽減のため、被害者が必要とする情報の集約や関係機関による支援の連携を強めるとともに、カウンセリング体制の充実や被害者の心情に配慮した事情聴取等を推進する」とされています。職場におけるセクシャルハラスメントの中には、性犯罪の範疇に入りうる類型（強制わいせつや強姦など）も存在することから、組織のトップやすべての職員がセクシャルハラスメントの防止対策を理解し関わっていくことが大切です。

性的マイノリティは職場におけるセクシャルハラスメントの対象と

なりうる人たちです。性的マイノリティの者の自殺率は一般人よりも高いことが知られています。国内で性同一性障害の総合的診療を行なうクリニックを受診した患者のうち自傷・自殺未遂割合は全症例中28.4%だったとの報告があります。このように性的マイノリティは自殺のハイリスク群として十分な配慮が求められる対象です。大綱では、新たに性的マイノリティの人たちの対策が、以下のように、盛り込まれています。

〈性的マイノリティへの支援の充実〉

「法務局・地方法務局又はその支局や特設の人権相談所において相談に応じる。人権相談等で、性的指向や性同一性障害に関する嫌がらせ等の人権侵害の疑いのある事案を認知した場合は、人権侵犯事件として調査を行い、事案に応じた適切な措置を講じる」

「性的マイノリティは、社会や地域の無理解や偏見等の社会的要因によって自殺念慮を抱えることもあることから、性的マイノリティに対する教職員の理解を促進するとともに、学校における適切な教育相談の実施等を促す」

「性的指向・性自認を理由としたものも含め、社会的なつながりが希薄な方々の相談先として、24時間365日無料の電話相談窓口（よりそいホットライン）を設置するとともに、必要に応じて面接相談や同行支援を実施して具体的な解決につなげる寄り添い支援を行う」

「性的指向や性自認についての不理解を背景としてパワーハラスメントが行われ得ることを都道府県労働局に配布するパワーハラスメント対策導入マニュアルにより周知を図るほか、公正な採用選考についての事業主向けパンフレットに「性的マイノリティの方など特定の人を排除しない」旨を記載し周知する」

「また、職場におけるセクシャルハラスメントは、相手の性的指向又は性自認にかかわらず、該当することがあり得ることについて、引き続き、周知を行う」

Q 09 健康経営はどのように自殺対策に関連するのですか？

A 企業経営および企業戦略において、「健康経営」という言葉が世の中に使われるようになりましたが、この言葉にはどのような意味があるのでしょうか。そして、自殺対策との関連で健康経営をどのように位置づけることができるのでしょうか。まず、健康経営に関する政府の文書からその定義を見てみます。

「健康経営とは、従業員の健康保持・増進の取組が、将来的に収益性等を高める投資であるとの考えの下、健康管理を経営的視点から考え、戦略的に実践すること。健康投資とは、健康経営の考え方に基づいた具体的な取組であり、企業が経営理念に基づき、従業員の健康保持・増進に取り組むことは、従業員の活力向上や生産性の向上等の組織の活性化をもたらし、結果的に業績向上や組織としての価値向上へ繋がることが期待される」と経済産業省ヘルスケア産業課の資料は述べています（平成29年3月)。

従業員の健康増進の取組が結果的に企業の業績向上や企業価値の向上につながることを期待するという経営的視点が根本にあることがわかります。産業保健に携わる医療保健の担当者の立場からは、従業員の個人としての人生の充実や幸福の増大（ウエルビーイングの増大）という価値を重視したいところですが、ここでは、企業経営者と従業員が健康という共通の価値を尊重し働くことが重視されているということでウイン・ウインの関係を構築するということで理解をすれば、健康経営の推進ということは前向きに捉えるべきであると思われます。

経済産業省では健康経営を進めるために健康経営に関する顕彰制度（健康経営優良法人）を設けていますが、その認定基準をみることで、健康経営の具体的な取組とはどのようなものかを理解することができます。**図1**に示すように、健康診断の受診勧奨や生活習慣病の予防に関する取組、受動喫煙対策など多岐にわたりますが、長時間労働への対策としてストレスチェックの実施、健康増進・過重労働防止に向けた具体的目標（計画）、長時間労働者への対応に関する取組、メンタルヘルスの不調者への対応に関する取組など、過労自殺の防止に関する取組への言及が多いことがわかります。職場における自殺対策では、企業の自主的な取組を労使が強調して推進していくことが重要ですが、これまで以上に経営者が企業経営の観点からメンタルヘルス・自殺対策の推進に取り組む必要性を理解する機会が増えたということができます。

自殺対策と健康経営の関連性ということで、企業経営者の方々に理解していただきたいこととして、自殺問題は社会経済的な観点からみて、社会にとって大きな損失であるという客観的データがあるということです。一橋大学の金子能宏教授が2017（平成29）年3月に公表した自殺の社会経済的損失に関する研究データは、自殺が経済的側面からも大きな問題であり対策が必要であるとの科学的根拠を示しています。この研究では、常用雇用者の現金収入のデータをもとに自殺の社会経済的損失額を算出しています。2015年のデータを用いた推計では、日本全体で男性3504億円、女性1091億円で男女合計では4594億円の損失額となりました。自殺問題を経済的価値で評価することの是非はあるかと思いますが、このようなデータは企業の経営者が健康経営を進める必要性を認識するために役立つと考えられます。

健康経営優良法人(大規模法人部門)の認定基準

経済産業省

○ 健康経営銘柄と同様のフレームワークをもとに、以下の認定基準を設定。なお、本認定基準は、健康経営銘柄選定の必須項目としても設定する。

大項目	中項目	小項目	評価項目	認定要件
1．経営理念(経営者の自覚)			健康宣言の社内外への発信	必須
2．組織体制			健康づくり責任者が役員以上	必須
3．制度・施策実行	従業員の健康課題の把握と必要な対策の検討	健康課題の把握	①定期健診受診率	左記①～⑭のうち11項目以上
			②受診勧奨の取り組み	
			③ストレスチェックの実施	
		対策の検討	④健康増進・過重労働防止に向けた具体的目標(計画)	
	健康経営の実践に向けた基礎的な土台づくりとワークエンゲイジメント	ヘルスリテラシーの向上	⑤管理職又は一般社員に対する教育機会の設定	
		ワークライフバランス	⑥適切な働き方実現に向けた取り組み	
		職場の活性化	⑦コミュニケーションの促進に向けた取り組み	
	従業員の心と身体の健康づくりに向けた具体的対策	保健指導	⑧保健指導の実施及び特定保健指導実施機会の提供	
		健康増進・生活習慣病予防対策	⑨食生活の改善に向けた取り組み	
			⑩運動機会の増進に向けた取り組み	
			⑪受動喫煙対策	
		感染症予防対策	⑫従業員の感染症予防に向けた取り組み	
		過重労働対策	⑬長時間労働者への対応に関する取り組み	
		メンタルヘルス対策	⑭不調者への対応に関する取り組み	
	取組の質の確保	専門資格者の関与	産業医又は保健師が健康保持・増進の立案・検討に関与	必須
4．評価・改善		取組の効果検証	健康保持・増進を目的とした導入施策への効果検証を実施	必須
		保険者との連携	健保等保険者と連携	
5．法令遵守・リスクマネジメント			従業員の健康管理に関連する法令について重大な違反をしていないこと(自主申告)	必須

10

図1　健康経営優良法人の認定基準。健康経営を進める具体的な取組内容がわかる（経済産業省）

Q10 中小企業経営者の経営問題における自殺対策のポイントを教えてください。

A　自殺総合対策大綱では、経営者に対する相談事業の実施等として、3つの項目が示されています。1）商工会・商工会議所等と連携し、経営の危機に直面した中小企業を対象とした相談事業、中小企業の一般的な経営相談に対応する相談事業を推進すること、2）全都道府県に設置している中小企業再生支援協議会において、財務上の問題を抱える中小企業者に対し、窓口における相談対応や金融機関との調整を含めた再生計画の策定支援など事業再生に向けた支援の実施、3）融資の際に経営者以外の第三者の個人保証を原則求めないことを金融機関に対して引き続き徹底するとともに経営者の個人保証によらない融資をより一層促進するため「経営者保証に関するガイドライン」の周知・普及に努めること、の3項目です。

現場の実態としては、相談者が単に経営問題や経済的問題だけでなく、心身の不調や人間関係、家族関係など複数の問題を抱えている場合や、独りでは解決が難しくなっていることがあります。大綱に記されているように、包括的な自殺対策は対人支援、地域連携、社会制度の3つのレベルの対策を連動させて進めていく必要があり、経営問題に対してもこのような考え方で進めていくことが求められます。都道府県・市町村では、これらの経営問題への対応の際、総合相談に代表される包括的な相談支援体制を構築し、経営者に対する相談事業の実施等を行うことが望まれます。また、総合的な相談事業が企画できない場合でも、経営者に対する相談事業が、地域の自殺対策のネットワークの中に組み込まれ、必要な際に他の相談機関等への紹介、連携ができるようになっていることが望まれます。対人支援を目的とした窓口の拡充、利用促進のためには、窓口担当者の人材育成とその活動を支える地域連携、ネットワークの強化、そして利用者目線に立った窓口の運営と周知を連動して進めていくことが望まれます。

中小企業経営者の経営問題を背景とした自殺者数の統計資料には公表されたものがありませんが、関連するものとして自営業主等の自殺者数、自殺率の最近の推移を**図1**に示しています（自殺率については筆者作成）。平成19年に警察庁自殺統計原票の職業区分が変更になり前後での単純な比較はできないとされていますが、平成15年以降自営業者の自殺率は減少しています。平成15年以降貸金業法や出資法の改正が順次行われ、中小企業経営者の自殺の背景として関心の高まっていたヤミ金融問題やグレーゾーン金利への対策に手がつけられました。日本全体の自殺率の減少に数年先行して減少がみられており、社会制度面での自殺対策の成果が認められた嚆矢と考えられます。

全国的に経営問題に関する包括的な自殺対策活動は限られますが、具体的な優れた実践事例としては、秋田県のNPO法人蜘蛛の糸の活動をあげることができます。同法人は現在、地域の自殺対策を考え実践する団体として活動していますが、設立当初から経営問題に注力しており、その目標の一番目に「秋田県における中小企業経営者とその家族の自殺者数を「ゼロ」にする。」ことを掲げています。相談支援活動の中でも中小企業の経営問題に関する経営資金の多重債務の整理等のノウハウを活用しつつ、他の相談機関等と連携を図ることで、中小企業経営者に対する包括的な支援を行っています。また、同法人独自の活動だけでなく、地域で複数の相談機関が連携し実施している総合相談事業「いのちの総合相談会」に中心的に参画し、ワンストップ相談を実践しています。

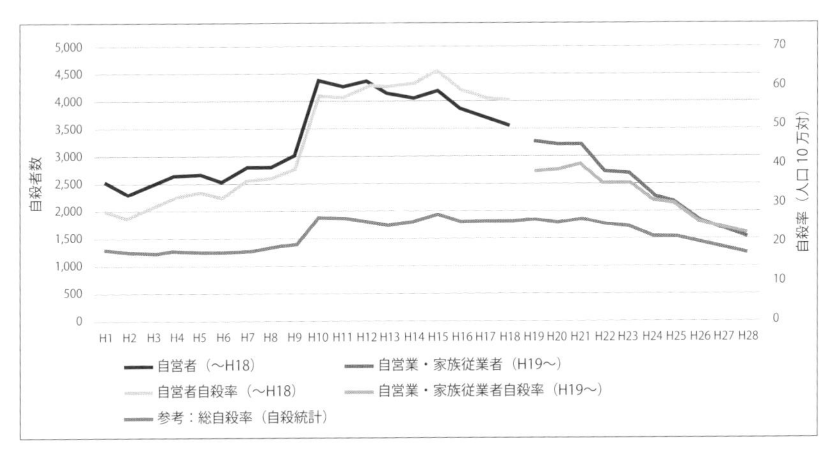

図1　自営業主等の自殺者、自殺率の推移

（資料：平成29年度自殺対策白書、労働力調査をもとに作成）

第4章

学校の場における自殺対策
～児童・生徒のSOSの出し方に関する教育～

子どもの不安や悩みを教職員等が見逃さないようにするためにどうしたら良いのですか。

A 学校の場において、児童・生徒の自殺を防ぐためには、学校の教職員や教職員と保護者、地域、関係機関等が緊密な連携を取り、児童・生徒の抱える不安や悩みに対しても丁寧に寄り添い、その解消に向けて支援していくことが求められます。文部科学省は平成29年6月7日に初等中等教育局児童生徒課長名の通知「児童生徒の自殺予防に係る取組について」を発出しました。この通知では、18歳以下の自殺は、8月下旬から9月上旬等の学校の長期休業明けにかけて急増する傾向が認められることに対する注意喚起の観点から対策が示されていますが、学校、保護者、地域住民、関係機関等が連携を重視して対策を推進する必要性など、児童・生徒の自殺対策全般に通じる対策も示されていると言えます。通知で示された自殺予防に係る具体的な取組を**表1**に示しますが、4つの取組（学校における早期発見に向けた取組、保護者に対する家庭における見守りの依頼、学校内外における集中的な見守り活動、ネットパトロールの強化）が示されています。

さて、学校の教職員は児童生徒の最も身近な大人であり、さりげないコミュニケーションや観察等を通して、子供の様子の小さな変化に気付くことができるようにすることが求められます。子供が、かっとなる、他人に攻撃的な態度をとる、イライラしている様子や自暴自棄な態度が見られる、自己否定的な発言をするなど、普段の様子と異なる状況が確認された場合は、その日のうちに声掛けをしたり面談をしたりして、当該の子供の心情をくみ取るなど、丁寧に確認する、などの対応ができるようにします。すなわち、日常から子供の気掛かりな様子を見逃さずに状況を確認することが必要です（東京都教育委員会：生徒の自殺対策の取組～寄り添い、支え、命を守るために～、平成30年2月）。

その上で、学校ができる組織的な取組として、東京都教育委員会は以下の6つの重点事項を掲げています（内容については筆者が要約しています)。

⑴　**子供の気掛かりな様子を見逃さずに、状況を確認する～教職員一人一人の子供理解に基づく子供の不安や悩みの把握～：**　教職員一人一人の子供理解に関する専門性を向上させ、どんな小さな子供の変化も見逃さず、不安や悩みの要因を把握できるようにします。

⑵　**子供に生命の大切さを指導するとともに、困難やストレスへの対処方法を身に付けさせる～小学校段階から高校段階までの計画的な自殺予防教育の推進～：**　すべての学校において、自他の生命を尊重する教育である「SOSの出し方に関する教育」を実施することです。東京都では、教育委員会が作成したDVD教材等を活用して、信頼できる大人に助けを求めることの大切さ等について計画的に指導することにしています。

⑶　**相談しやすい環境の中で、子供の不安や悩みに寄り添う～学校教育相談体制の充実～：**　子供にとって、教職員が信頼できる大人として相談しやすい存在になるため、日常から、どんな小さなことでも、いつでも、教職員の誰でも相談に応じるというメッセージを伝えるとともに、スクールカウンセラー等を含む全ての教職員により、あらゆる子供の不安や悩みを受け止められる学校教育相談体制を整備します。

⑷　**保護者の理解と協力を得て、子供を見守る～家庭や学校外における子供の状況の把握と情報共有～：**　子供が置かれている環境について、教職員と保護者とが十分に情報を共有するとともに、不安や悩みを抱えている状況が確認された場合には、保護者の理解と協力を得ながら、子供を見守り支える体制を整えます。

⑸　**地域・関係機関と連携し、子供を支える～社会全体による子供の不安や悩みの解消～：**　子供の不安や悩みの内容等に応じて、教職

員がスクールソーシャルワーカーをはじめ、保健所、子供家庭支援センター、習い事や塾の関係者、PTA役員、民生・児童委員、保健師、福祉・医療の関係機関の職員等と適切に連携し、子供への支援を行います。

⑹　学校組織全体で、子供の不安や悩みを共有する～「学校いじめ対策委員会」等の既存の組織の効果的な活用による組織的対応～：

子どもの抱えている不安や悩みを解消に導くためには、学級担任等が気付いた子どもの気掛かりな様子や不安や悩みの要因等について、学校が迅速かつ組織的にその背景を確認し、適切な役割分担により支援を行うことが不可欠です。

子どもの不安や悩みを教職員等が見逃さないようにすることはもちろん大切ですが、学校や地域や関係機関が連携して子どもたちを支えるということの重要性をあらためて認識することが必要です。

表1　児童生徒の自殺対策としての長期休業明けの取組（文部科学省初等中等教育局児童生徒課長通知（平成29年6月7日）「児童生徒の自殺予防に係る取組について」）

⑴　学校における早期発見に向けた取組

各学校において、長期休業の開始前からアンケート調査、教育相談等を実施し、悩みを抱える児童生徒の早期発見に努めること。学校が把握した悩みを抱える児童生徒や、いじめを受けた又は不登校となっている児童生徒等については、長期休業期間中においても、全校（学年）登校日、部活動等の機会を捉え、又は保護者への連絡、家庭訪問等により、継続的に様子を確認すること。特に、長期休業の終了前においては、当該児童生徒の心身の状況の変化の有無について注意し、児童生徒に自殺を企図する兆候がみられた場合には、特定の教職員で抱え込まず、保護者、医療機関等と連携しながら組織的に対応すること。また、児童生徒からの悩みや相談を広く受け止めることができるよう「24時間子供SOSダイヤル」をはじめとする相談窓口の周知を長期休業の開始前において積極的に行うこと。

⑵　保護者に対する家庭における見守りの依頼

保護者に対して、長期休業期間中の家庭における児童生徒の見守りについて依頼すること。保護者が把握した児童生徒の悩みや変化については、積極的に学校に相談するよう、学校の相談窓口を周知しておくこと。その際、「24時間子供SOSダイヤル」をはじめとする電話相談窓口も保護者に対して周知しておくこと。なお、これらの各家庭における保護者による見守りについては、長期休業の開始前又は長期休業期間中における保護者会等の機会や学校（学級）通信を通じて、保護者に依頼することが考えられること。

⑶　学校内外における集中的な見守り活動

長期休業明けの前後において、学校として、保護者、地域住民、関係機関等と連携の上、学校内外における児童生徒への見守り活動を強化すること。特に、児童生徒が自殺を企図する可能性が高い場所については、これらの時期に見守り活動を集中的に実施することが有効である。例えば、鉄道による自殺を防ぐために、在籍する児童生徒の多くが利用する駅及び踏切における見守り活動を、駅又は鉄道会社と連携して長期休業明けの前後に集中的に実施することが考えられること。なお、教職員等の学校関係者が駅等における見守りを実施する際は、見守り活動の時期、方法等について、各学校から駅又は鉄道会社に対して事前に協力を依頼し、駅又は鉄道会社からの指示を踏まえた上で計画的に実施すること。

⑷　ネットパトロールの強化

児童生徒によるインターネット上の自殺をほのめかす等の書き込みを発見することは、自殺を企図している児童生徒を発見する端緒の一つである。このため、都道府県教育委員会等が実施するネットパトロールについて、長期休業明けの前後において、平常時よりも実施頻度を上げるなどしてネットパトロールを集中的に実施すること。自殺をほのめかす等の書き込みを発見した場合は、即時に警察に連絡・相談するなどして当該書き込みを行った児童生徒を特定し、当該児童生徒の生命又は身体の安全を確保すること。

Q 02 児童生徒のSOSの出し方に関する教育は具体的にはどのように進めたら良いのでしょうか。

A ここでは、東京都足立区の「児童・生徒のSOSの出し方に関する教育」の内容を優れた実践事例として紹介することで、どのように具体的に進めたらよいのかを理解できるようにしたいと思います。足立区では「自分を大切にしよう」という特別授業を地区担当保健師が学校に出向いて行うという形で「児童・生徒のSOSの出し方に関する教育」が行われています。その概要は以下のとおりです。

【目的】児童・生徒が自己肯定感を高め、将来おきるかもしれない危機的状況に備えて、SOSが出せるように支援することです。
【対象とする児童・生徒】足立区内の小学校、中学校、高等学校の児童・生徒です。
【授業を実施するための事前調整】年度当初に足立区校長会を通じて、区教育委員会から授業実施の意向調査が行われ、区の自殺対策担当が日程調整を行い、地区担当保健師が出張して特別授業を行います。授業の実施にあたっては、学校の担当教諭、養護教諭と管轄する地区の保健センター地区担当保健師、区のこころとからだの健康づくり課こころといのちの支援係で打合せを行った上で実施しています。
【授業の実施方法】授業時間は約50分です。パワーポイントを活用して授業を行います。
【授業内容】
① 冒頭部分：「自分が恵まれない育ちをしてきたからと自分に自信がもてない人もいるかもしれないこと」、「生まれてきた環境、育ちの中で大変なこともあったかもしれないこと」、「しかし、赤ちゃ

んの頃からここまで生き抜いてきた皆さん一人ひとりは、それぞれとても大切な存在であること」をまず子どもたちに伝えます。

② 展開部分： こころが苦しかったときの対処方法を伝えます。深呼吸、運動、氷を握りしめるなどの具体的な対処方法を伝えたあと、「一番のお奨めは、信頼できる大人に話すこと」であると伝えます。（ここが、授業の最も核心部分になります）信頼できる大人に辿り着くために、少なくとも3人の大人に話してみることを提案します。その中で、批判や否定をしないで話を聞いてくれる大人があなたの信頼できる大人であり、その人に悩みや困っていることをしっかりと聞いてもらうことを伝えます。もし、そのような信頼できる大人が見つからなかったら、地域の相談窓口に連絡を取ってみるのが良いということを伝えます。目の前で授業を実施している地区担当保健師はまさしく地域の信頼できる大人の一人であることを、授業を実施することで児童・生徒に実感してもらうことも授業の重要な眼目となっています。特別授業では、その他に、友達がつらそうだったら、いじめを受けていたら、あなたがいじめをしたら、といった具体的な対処方法を伝えて、「世の中には信頼できる大人もいて、苦しい時、大変な時は助けを求めていいのだよ。誰にも相談できない人は、相談機関に電話することも解決方法のひとつであること、自分では抱えきれない心の痛みを相談する場所は必ずある。自分を大切に、相手を大切に、一人ひとりを大切に」と伝えて、具体的な相談機関を紹介します（地域の相談窓口一覧が書かれたカード等の啓発グッズを授業時に配布します）。

③ 終盤部： 授業の後半では手紙の朗読（「かけっこでいつもビリの君へ」、「両親の不和に心痛めている君へ」など）を行い、最後にJ-POPグループワカバの「あかり」のDVDを視聴します。このDVD「あかり」は内閣府の「いのち支える（自殺対策）プロジェクトのキャンペーンソングで、曲と同時にメッセージ性の高い動画が

ついています。

以上が、足立区の特別授業の概要です。授業のエッセンスは尊重して細部は地域の状況に応じて調整することは可能であると思われます。

特別授業の実施にあたり、足立区では教職員向けの研修会を実施しています。研修の対象者は小中学校の校長、副校長、主幹教諭、生活指導主任、養護教諭などです。研修内容としては、若年者の自殺の実態、自傷行為の作用、自殺の危険因子、相談があったときに心がけること、実際に自殺が起きてしまった場合の対応などについてです。特別授業を実施する地区担当保健師についても同様の研修を事前に実施することは言うまでもありません。

Q03 東京都足立区の児童生徒のSOSの出し方の教育の取組を教えてください。

A 東京都足立区では、平成26年度から小中学校の児童生徒を対象としたSOSの出し方に関する教育を実施しています。このような先進的な取組が開始された経緯にはいくつかの背景があります。まず、施策立案時に足立区の自殺率が東京都の中で相対的に高かったことと、平成21年から取り組まれてきた特別授業「自分を大切にしよう」のプログラムが先駆的に実施されてきたこと、「足立区いじめ防止対策基本方針」が平成26年2月に策定されいじめ対策と連動した自殺予防教育の必要性が認識されたこと、などが上げられます。具体的には、若年者の自殺対策の一環として足立区衛生部が企画し、教育委員会及び学校との連携を強化することで、子ども・家族を支援するだけでなく、養護教諭を中心とした子どもたちのこころの健康づくりにつなげることをめざしています。

足立区の児童生徒のSOSの出し方に関する教育は一回完結式外部講師活用型の特別授業と位置づけられています。まず、事前打ち合わせとして担当する外部講師（保健師）と学校側担当者が打ち合わせをします。「自分を大切にしよう」、「信頼できる大人に相談しよう」という簡潔なメッセージを児童生徒に伝えることを授業の目標として設定し、自殺の実態や予防の知識、自殺のリスク要因などを知識として教えるというような自殺予防を強調する要素は敢えて省いています。そして、最も重要なことは、授業の実施にあたり保護者への事前の同意を求める必要がないということです。ただし、自死遺児等への配慮等も通常の範囲内で行います。従前の児童生徒を対象とした自殺予防教育のように、自殺予防や精神医学の特別の知識を有する者（特別な外部講師や臨床心理士等）が行う必要はなく、地区保健師等が通常の研修においてスキルを身につけて外部講師として授業を行う点が特徴であり、また大きな利点となっています。さらに付言すると、従前の学校の場における自殺予防教育が、「ハイリスク者」、「特別な知識」、「精神保健の専門家」といったハイリスク要因を重視した医学的な観点が重視されているのに対して、足立区の児童生徒のSOSの出し方教育は一次予防（事前対応）として授業を行うことを目指しています。特別な専門家が特別の配慮をして保護者の厳格な同意のもとで行うという枠組みを変えている点が重要です。このような枠組みの転換により、すべての小中学校で一回完結式の実施可能な授業として確立することが可能になりました。さらに、地域の実情に通暁した地区保健師が外部講師となることで、児童生徒が「信頼できる大人」の一人として地区保健師の顔を覚えることが可能になります。信頼できる大人が見つからなかったときの相談窓口の大人として地区保健師の顔が子どもたちに思い浮かべることが可能になるという大きな利点があります。

図1に足立区の児童生徒のSOSの出し方に関する教育には4つのキーワードがあります。すなわち、1）自尊感情を涵養する、2）信頼できる大人を見つけて話してみる、3）信頼できる大人がみつからなかったら、地域の相談窓口に相談する、4）SOSの出し方を身に付ける、です。これらの英語表現から、4つのキーワードとして「STARS」と要約しました。「夜空の星を見るように」4つのキーワードをもとに、児童生徒のSOSの出し方に関する教育のエッセンスを理解することができるようにと考案されました。

東京都足立区で実践されている教育モデルは、SOSの出し方に関する教育をすべての地域で広げていくために参考となる好事例です。例えば、東京都教育委員会では、足立区の先進的取組を参考に児童生徒のSOSの出し方に関する教育を展開できるよう、チームティーチング方式で教師が授業を実施する形の「一回完結式でSOSの出し方に関する教育」を展開しようとしています。今後、若干のバリエーションはあるにしても、東京都足立区の取組をベースに全国各地で児童生徒のSOSの出し方に関する教育が広がることが期待されます。

SOSの出し方教育
4つのキーワード

STARS
SOSの出し方教育の4つのキーワード
夜空の星を見るように

Self-Esteem　自尊感情を涵養する
Trusted Adults　信頼できる大人を見つけて話してみる
Community Resources
信頼できる大人がみつからなかったら、地域の相談窓口に相談する
Help-Seeking Skill　SOSの出し方を身に付ける

STARSを念頭にSOSの出し方教育を進めよう

図1　SOSの出し方に関する教育の４つのキーワードを示します

Q 04 東京都教育委員会の児童生徒のSOSの出し方の教育の取組を教えてください。

A　東京都教育委員会では、平成29年度に、足立区の先進事例を参考に児童生徒のSOSの出し方に関する教育を展開できるよう、チームティーチング方式で教師が授業を実施する形の「一回完結式のSOSの出し方に関する教育」の教材作成を行う自殺予防教育推進委員会を立ち上げました。この委員会では、平成30年度から東京都のすべての学校で「一回完結式のSOSの出し方に関する教育」を実施できるよう、DVDを含む教材の開発と作成された教材を用いた実証授業を行い、「児童生徒のSOSの出し方に関する教育」の東京都版の教材と指導資料（活用ガイド）を作成しました。平成30年2月にはDVDを含む教材と指導資料が公表されました。東京都のSOSの出し方に関する教育の特徴は、足立区の取組をもとに一回完結式授業を教諭、養護教諭、地区保健師等がチームを組むチームティーチング方式（保健師の参加を強く推奨）により実施することです。また、DVDの視聴とグループワークを活用した授業の活用が推奨され、小学校、中学校、高等学校、特別支援学校中等部・高等部のすべての児童生徒を対象とした授業の実施を目標としています。

東京都の取組では、児童生徒のSOSの出し方に関する教育は「様々な困難・ストレスの対処方法を身に付けるための教育」として位置づけられ、すべての学校において学習指導要領に基づくとともに、学校の実情や小学校段階から高等学校段階までの発達段階に応じ、授業等を通して、SOSの出し方に関する教育を含むストレスへの対処について、計画的に指導を行うものとされています。指導の目的としては次の二つが挙げられています。1）子供が、ストレスへの対処方法等について理解できるようにするとともに、現在起きている危機的状況又は今後起こり得る危機的状況に対応するために、適切な援助希求行動（信頼できる大人にSOSを出すこと）ができるようにする。2）周囲に心の危機に陥っている友人等がいた場合に、相手の感情を受け止め、考えや行動を理解しようとするなど、傾聴すること（SOSの受け止め方）について学ぶことができるようにする。

指導計画上の位置づけとしては、1）保健体育・体育・特別の教科道徳・特別活動等の指導計画の中に、子供が直面する諸課題への対応に資する活動や、生活上の諸問題の解決を図ることを目的とした体験活動等を位置づけるなどして、少なくとも年間1回は、SOSの出し方に関する指導を実施することとされています。また、指導体制としては、子供にとって最も身近な存在である学級担任が主体となって実施することを基本としつつ、同じ学年を担当する他の教員、養護教諭、スクールカウンセラー等によるチームティーチングで指導することが望ましい、とされています。また、子供に対し地域には様々な相談相手になり得る人々がいることを直接伝えるためにも、学校と自治体の福祉関係部署、地域包括支援センター、社会福祉協議会等が連携し、地域の保健師、社会福祉士、民生委員等の参画を得て、指導を行うことが有効である、としています。

SOSの出し方に関する授業の実施と指導にあたっては、東京都教育委員会が平成30年2月に作成・配布したDVD教材（映像、学習指導案、ワークシート、活用の手引書等）を適切に活用して行うものとされています。また、DVD教材は、児童生徒の発達段階に対応して、初等編、中等編、高等編の3編から選択して活用できるよう構成されています。授業を通して、改めて、子供に対し、東京都教育相談センターが実施している「24時間子供SOSダイヤル」や各自治体の相談窓口の電話番号等を周知することも必要であるとされています。

東京都教育委員会の取組は、東京都内のすべての小学校、中学校、高等学校、特別支援学校中等部・高等部の児童生徒を対象としており、授業を実施するための教材等のツールの開発もすべての学校における授業の実施可能性を検討した上で進められました。また、地域の保健師をSOSの出し方に関する教育に活用することが東京都教育委員会の取組でも推奨されており、教育委員会と保健部局とが緊密な連携を取ることが求められている点も注目されます。

Q 05 北海道教育大学における「児童生徒のSOSの出し方に関する教育」はどのようなものですか？

A 北海道教育大学の教職大学院が中心になって「児童生徒のSOSの出し方に関する教育」の手法の開発が平成28年度から行われています。この事業は、厚生労働科学研究「学際的・国際的アプローチによる自殺総合対策の新たな政策展開に関する研究」（平成26～28年度）の一環として実施されたもので、SOSの出し方に関する教育の手法の開発とともに、教職大学院における正規カリキュラムに自殺対策の授業を組み入れること及び教員免許講習時の自殺対策の授業の組み込みにより、すべての教員が自殺対策の基本を理解する人材育成システムの構築をめざすことを目標としています。

北海道教育大学では、以前から臨床心理系教員によるストレスとレジリエンスに関するカリキュラムを教職大学院課程の正規カリキュラムとして立ち上げて講義を行ってきましたが、平成29年に策定された自殺総合対策大綱の趣旨に沿ったSOSの出し方に関する教育の手法開発に着手したものです。

厚生労働科学研究の班会議において、東京都足立区の「児童生徒のSOSの出し方に関する教育」の授業展開などを参考にしつつ、現場の教師のモチベーションを保ちつつ教師の関与を考慮した北海道教育大学版の教育手法を開発することになりました。北海道教育大学版の特徴として、同大学の「いのちの教育プロジェクト」においていのちに係わる絵本と本棚を整備したこともあり、SOSの出し方に関する教育においても児童生徒の興味を持たせるために、授業の導入部において絵本の内容を紹介し児童生徒に感想を聞くという手法を取り入れています。授業の流れの概念構築は、足立区や東京都の授業展開と同様に、STARS（「自尊感情の涵養」、「信頼できる大人にSOSを出す」、「地域の相談窓口に相談する」、「SOSの出し方を身に付ける」）に基づく授業となっています。

平成30年度から、札幌市内の小中学校、夕張市内の中学校において実証授業が行われました。夕張市内の中学校で行われた実証授業をもとに、北海道教育大学版の「児童生徒のSOSの出し方に関する教育」の概要を紹介します。

実証授業は、平成30年6月25日（月）の午前9時35分〜10時25分（50分授業）にかけて実施されました。対象者は中学2年生でした。授業担当者は北海道教育大学教職大学院の准教授（臨床心理学）で、厚生労働科学研究の研究協力者としてSOSの出し方に関する教育に熟知した教員です。授業当日は、北海道教職大学院長、同大教授、自殺総合対策推進センター長の他、実施校の校長、市教育委員会担当者、道立保健所自殺対策担当者（保健師2名）、夕張市内の学校関係者が授業参観をしました。授業の流れは以下のとおりでした。

⑴　授業導入部：　冒頭で教職大学院のA教授から、いのちの大切さについて話がありました。学校内で心停止を起こした生徒をAEDで蘇生させることができた。その後、健康を回復した生徒から礼状をもらったというエピソードを紹介。具体的なスキルを身につけることで命を救うことができるということで、いのちの大切さとスキルを身につける重要性を理解してもらうという意図でした。

⑵　授業担当教員による絵本の「つみきの家」の紹介と、DVD鑑賞：　おじいさんが一人、つみきの家に寂しげに住んでいます。つみきの家は海の水が少しづつ増水し、継ぎ足して住んでいる家です。ある日、おじいさんは大切なパイプを海の中に落としてしまいます。その大切なパイプを探すため、おじいさんはウエットスーツに酸素ボンベを背負って海の中に深く潜水していきます。海に潜って一階ごとにかつての家を下がっていくたびに家族との過去の思い出が蘇ります。

娘の結婚式におばあさんと参列したこと、おばあさんとの若い頃の出会いと結婚、そんな様々な思い出が蘇り、おじいさんは失われた家族との共有体験を追体験します。パイプを海の底で見つけたおじいさんは積み木の家の最上部に戻ります。ひとり静かに夕食のワインをグラスに注ぎますが、おじいさんはそこには死んだおばあさんがともにいると感じました。

⑶　教職大学院長による生徒との対話：　つみきの家のDVDを鑑賞した感想を書いてもらいました。そして、その感想を発表してもらい、皆で感想を共有する。教職大学院長がつみきの家のひとつの解釈を示しました。

⑷　授業担当者によるストレスの講話：　皆がストレスを日常的に感じています。心にストレスを感じて苦しくなったときにどう対処したらよいのかという問いかけ。信頼でき大人に相談することが重要というメッセージを伝えました。

⑸　授業終了部：授業に参加していた保健師さんの紹介と保健師さんの自己紹介。身近に地域で信頼できる大人がいることを理解してもらうという趣旨でした。（授業終了）

実証授業では北海道教育大学の教員３人が分担して授業を実施したが、今後展開を予定する授業案では教師が一人で授業を行うことになるものと思われます。しかし、実証授業と同様に、地域関係者が必ず授業に参加し地域の信頼できる大人として顔を見せることの重要性については、関係者間ではすでに合意しています。

絵本の選定は重要なポイントになりますが、いのちにかかわり、死を直接的にイメージしないような内容が望ましいと思われます。実証授業で使われた「つみきの家」は優れた内容の絵本ですが、洪水被害や震災被害を想起させる可能性もあるという意見もあり、被災地での授業は難しいかもしれないとのことに配慮したほうが良いということになりました。

北海道教育大学の開発した「児童生徒のSOSの出し方に関する教育」の授業展開案は、厚生労働科学研究班の方針に沿って、先進事例の東京都足立区の「児童生徒のSOSの出し方に関する教育」の基本コンセプトを継承しつつ、①担当教員による絵本を用いた導入、②共有体験の重要性を理解させること、③悩みを抱えたときのSOSの出し方のスキルの提示、という特色を出しています。基本を守りつつ、現場のニーズに応じてバリエーションを工夫している点が特筆されます。

Q 06 児童生徒のSOSの出し方に関する教育の効果について科学的に検証した研究があれば教えて下さい。

A 「児童生徒のSOSの出し方に関する教育」は平成28年4月に施行された改正自殺対策基本法の中でその必要性が条文化され、平成29年7月に閣議決定された自殺総合対策大綱において具体的な施策の内容が示されました。しかし、大綱においては、「児童生徒のSOSの出し方に関する教育」の具体的な進め方やモデル的事例については触れられていませんでした。平成30年11月に厚生労働省から発出された「都道府県における自殺対策計画策定の手引き」及び「市町村における自殺対策計画策定の手引き」においては、「児童生徒のSOSの出し方に関する教育」を計画に盛り込む必要性や評価指標の考え方が示されましたが、そのモデル的事例の解説は平成29年12月に公表された「地域自殺対策政策パッケージ」において示されることになりました。「児童生徒のSOSの出し方に関する教育」のモデル的事例として東京都足立区の実践例が参考となることは、「児童生徒のSOSの出し方に関する教育」の政策的議題として取り上げられるようになってから関係者の間では認識されていました。例えば、大綱が公表される前の平成28年5月に東京都教育委員会の主催で開催された東京都の小中高の校長を対象とした「児童生徒のSOSの出し方に関する教育」に関する研修会では、自殺総合対策センター長などが講師となり、先進的事例としての足立区の実践モデルを紹介し、出席者の高い関心を呼びました。

「児童生徒のSOSの出し方に関する教育」は、従来、文部科学省が推奨してきた自殺予防教育と差別化する形で新たな「授業のかたち」として打ち出された背景には、日本のすべての学校の児童生徒を対象に、まずは悩みを抱えた時のスキルを身につけてもらう実施可能性の高い教育モデルを提示するという要請がありました。このような要請の中で、ハイリスクアプローチを主眼に据えることなく、児童生徒の自尊感情の向上とSOSの出し方のスキルを身につけるという明確な目標を設定し、保健師という地域の信頼できる大人が顔を見せて外部講師として授業を行うという足立区の実践事例は新鮮であり直感的にも効果の可能性を期待させるものでした。

行政的施策においても科学的効果の検証が求められ時代の中で、足立区の「児童生徒のSOSの出し方に関する教育」の実践事例は科学的に検証がなされているのかという問いが寄せられるのは当然のことです。最近良く聞かれるようになった用語として「科学的根拠に基づく政策形成（evidence-based policy making）」というものがあります。「科学的根拠に基づく」とは単に何らかの研究が行われ厳密な統計学的手法を用いて結果の有意性が明らかにされ学術雑誌に報告されたということを意味するものではありません。もともと、医学分野において治療法の効果などを臨床的に評価する際に、動物実験ではなく人を対象として行われた臨床研究あるいは疫学研究を調査対象とし、過去の文献を網羅的に調査した上で研究デザインごとに同質の研究をまとめ、バイアスを評価しながら分析・統合を行うことを指します。このようなシステマティックレビュー（あるいはメタアナリシス）の結果をデータベース化することで、権威ある者の経験による意見に左右されない「科学的根拠に基づく」評価がなされるという考え方です。単発の研究結果で介入結果の効果が統計学的に有意だったということは、単なる仮説の検証のひとつにステップに過ぎず、個別の研究結果を「科学的根拠」と言うことは不適切です。科学的根拠に基づく研究成果の評価において、無作為化された前向きの研究デザインによる介入群と非介入群の比較研究が望ましいと言われていますが、教育現場でさまざまな制約が多い実践的研究では、このような厳密に統制された研究デザインを用いることが現実には困難です。「児童生徒のSOS

の出し方に関する教育」の効果検証は介入前後の指標の変化を比較する、あるいは準実験デザインと呼ばれる高度の厳密さを要求しない研究デザインを用いることが現実的です。

「児童生徒のSOSの出し方に関する教育」については、以上のような厳密な意味での科学的根拠については現段階では求めるべくもありません。しかし、科学的な検証を進めるための第一歩として、自殺総合対策推進センターは、革新的自殺研究推進プログラムの一環として、足立区の「児童生徒のSOSの出し方に関する教育」の効果検証を行う実証的研究を行い、統計学的に有意な教育効果を認めることができましたので、その結果の一部をお示ししたいと思います。現時点ではすべての分析が終了していないため、本項では平成30年7月にフランスのリオンで開催されたヨーロッパ疫学会（2018年7月）に発表した内容に沿ってその概要をお示しします。

研究は平成29年の4月から平成30年3月に行われました。調査研究の対象者は東京都足立区においてSOSの出し方に関する授業を行う区立小学校5・6年生、中学校1～3年生で、979人の児童生徒の対象者のうち、保護者の同意が得られすべての質問紙調査に回答した367人を分析対象者としました。授業前にアンケートを実施し、その後特別授業を実施しました。そして、授業終了後2～3月たってから再度対象者に授業後の質問紙調査を実施しました。質問紙調査の内容は、困ったときの相談先、相談したときの経験、相談先を探すときの方法、ストレスを感じた時の対処方法、信頼できる身近な大人などの有無、自己肯定感等でした。

特別授業の内容は、従来から行われている保健師が外部講師を務める50分の授業です。次のような内容でした。

・こころが辛いときの対処方法

・信頼できる大人の探し方

・いじめの被害者、加害者への語りかけ

・心の折れそうな子どもたちへ向けた手紙の朗読
・地域の相談機関の連絡先の紹介
・内閣府キャンペーンソングの視聴

結果は次のとおりです。

授業前と比べ、児童生徒の相談先の数、ストレスに対処する能力、相談できる大人がいる、尊敬できる大人がいる、の各項目において、実施前と比べて実施後2～3か月後では、統計学的に有意な得点の増加が認められました（**図1**参照）。

また、実施後2～3か月後の自尊感情のスコアは信頼できる大人が身近にいると回答した児童生徒は信頼できる大人が身近にいないと回答した児童生徒と比べて統計学的に有意に高いことが認められました。

以上の結果から、足立区で実践されている「児童生徒のSOSの出し方に関する教育」は、SOSの出し方のスキルを身につけるために有効であり、また信頼できる大人の数が増加することも明らかになりました。

「児童生徒のSOSの出し方に関する教育」の効果検証についての科学的データの蓄積は始まったばかりですが、授業の効果を裏付ける結果が得られていることは心強いことです。今後、さらに科学的検証を進めていく努力が求められますが、「児童生徒のSOSの出し方に関する教育」を全国的に広げていくために、紹介した研究結果を活用していただきたいと考えています。

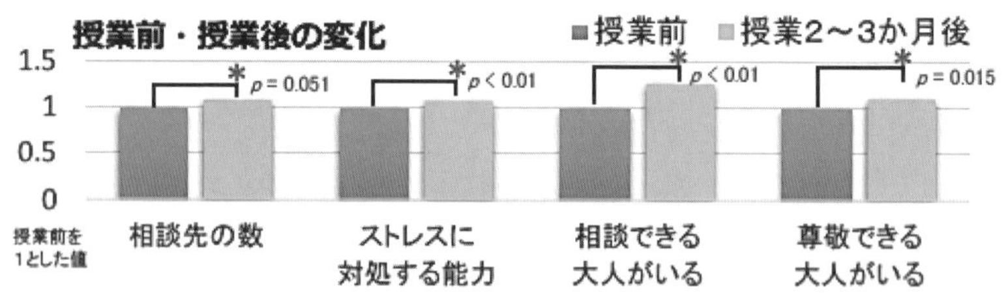

図1　特別授業実施前後の変化（相談先の数、ストレスに対処する能力、相談できる大人がいる、尊敬できる大人がいる）

いじめを苦にした児童生徒の自殺の予防にどのように取り組んだら良いのでしょうか①
～いじめ防止対策推進法の概要～

いじめを苦にした自殺は社会的な関心が高く、マスコミ報道も加熱しがちです。いじめは子どもの生命や心身の健全な成長及び人格形成に大きな影響を及ぼすものであることから、学校を含めて社会全体で取り組むことが重要です。また、いじめ問題に対する学校や教育委員会の対応が不十分であると関係者や社会から非難されるケースもあることから、学校側もこの問題について慎重な対応を取ることが多いようです。

国は「いじめ防止対策推進法」、「いじめの防止等に関する基本的な方針」（平成25年10月11日文部科学大臣決定）等に定める取組を推進しています。

いじめの定義はさまざまな変遷がありましたが、「いじめ防止対策推進法」では以下のようになっています。

「児童生徒に対して、当該児童生徒が在籍する学校に在籍している等当該児童生徒と一定の人的関係にある他の児童生徒が行う心理的又は物理的な影響を与える行為（インターネットを通じて行われるものを含む。）であって、当該行為の対象となった児童生徒が心身の苦痛を感じているもの」

定義では、いじめの起こった場所は学校の内外を問いません。また、「いじめ」の中には、犯罪行為として取り扱われるべきと認められ、早期に警察に相談することが重要なものや、児童生徒の生命、身体又は財産に重大な被害が生じるような、直ちに警察に通報することが必要なものが含まれます。これらについては、教育的な配慮や被害者の意向への配慮のうえで、早期に警察に相談・通報の上、警察と連携した対応を取ることが必要です。

いじめの防止について基本的施策は法律では以下の7つが示されています。

〈学校の設置者及び学校が講ずべき基本的施策〉

① 道徳教育等の充実

② 早期発見のための措置

③ 相談体制の整備

④ インターネットを通じて行われるいじめに対する対策の推進

〈国及び地方公共団体が講ずべき基本的施策〉

⑤ いじめの防止等の対策に従事する人材の確保等

⑥ 調査研究の推進

⑦ 啓発活動について定めること

また、学校は、いじめの防止等に関する措置を実効的に行うため、複数の教職員、心理、福祉等の専門家その他の関係者により構成される組織を置くこととされています。

個別のいじめに対して学校が講ずべき措置として、以下が挙げられています。

① いじめの事実確認

② いじめを受けた児童生徒又はその保護者に対する支援

③ いじめを行った児童生徒に対する指導又はその保護者に対する助言について定めるとともに、いじめが犯罪行為として取り扱われるべきものであると認めるときの所轄警察署との連携について定めること

いじめ防止対策推進法では、重大事態という用語が定義されています（第28条第1項）。すなわち、重大事態とは、「いじめにより当該学校に在籍する児童等の生命、心身又は財産に重大な被害が生じた疑い

があると認めるとき」及び「いじめにより当該学校に在籍する児童等が相当の期間学校を欠席することを余儀なくされている疑いがあると認めるとき」と定義されています。

このような重大事態への対処は以下のように示されています。

1　学校の設置者又はその設置する学校は、重大事態に対処し、及び同種の事態の発生の防止に資するため、速やかに、適切な方法により事実関係を明確にするための調査を行うものとすること。

2　学校の設置者又はその設置する学校は、1の調査を行ったときは、当該調査に係るいじめを受けた児童生徒及びその保護者に対し、必要な情報を適切に提供するものとすること。

3　地方公共団体の長等に対する重大事態が発生した旨の報告、地方公共団体の長等による1の調査の再調査、再調査の結果を踏まえて措置を講ずること等について定めること。

東京都教育委員会は平成29年2月に「いじめ総合対策【第2次】」を公表しました。この文書は学校の場におけるいじめ総合対策を法令にもとづく学校の取組、実践プログラムを詳細にわかりやすく解説したものになっています。この文書の冒頭で、学校の取組としていじめ防止等の対策を推進する6つのポイントを示していますので、ここで紹介したいと思います。

(ポイント1) 軽微ないじめも見逃さない
《教職員の鋭敏な感覚によるいじめの認知》

(ポイント2) 教員一人で抱え込まず、学校一丸となって取り組む
《「学校いじめ対策委員会」を核とした組織的対応》

(ポイント3) 相談しやすい環境の中で、いじめから子供を守り通す
《学校相談体制の充実》

(ポイント4) 子供たち自身が、いじめについて考え行動できるようにする

《いじめの解決に向けて、主体的に行動しようとする態度の育成》

（ポイント５）保護者の理解と協力を得て、いじめの解決を図る
《保護者との信頼関係に基づく対応》

（ポイント６）社会全体の力を結集し、いじめに対峙する
《地域、関係機関等との連携》

上記６つのポイントを踏まえて、いじめ防止の取組を推進するに当たっては、以下の点について、教職員はもとより、保護者、地域、関係機関等から十分な理解を得ておくことが必要です。

◆　いじめの件数が多いことをもって、その学校や学級に問題があるという捉え方をしない。
◆　いじめの行為の重大性や緊急性（加害の子供の故意性、継続性等を含む。）及びその行為により受けた被害の子供の心身の苦痛の程度等、個々の状況に応じて、解決に向けて適切に対応する必要がある。
◆　行為を受けた子供が苦痛を感じていない場合であっても、加害の行為が、人権意識を欠く言動である場合などには、いじめと認知する必要がある。

（以上の記述は、東京都教育委員会「いじめ総合対策【第２次】」上巻（学校の取組編）（平成29年２月）より抜粋しました）

Q08 いじめを苦にした児童生徒の自殺の予防にどのように取り組んだら良いのでしょうか②
～調査を行う第三者委員会のあり方～

いじめ防止対策推進法が施行されたことで、いわゆる重大事態に対処するため同法に基づく第三者委員会による調査が行われることになりました。しかし、いじめ防止対策推進法施行後に第三者委員会の調査が実施された事例で、委員会の報告書や答申の学校での情報共有が不十分であるとの指摘や、第三者委員会が被害者の納得する形で機能していないなどの意見が出され、平成30年6月には文部科学省の専門家会議が第三者委員会のあるべき姿についてあらためて検討しています。

第三者委員会の設置は第28条に示されています。条文は次のとおりです。

「(学校の設置者又はその設置する学校による対処)

第28条　学校の設置者又はその設置する学校は、次に掲げる場合には、その事態（以下「重大事態」という。）に対処し、及び当該重大事態と同種の事態の発生の防止に資するため、速やかに、当該学校の設置者又はその設置する学校の下に組織を設け、質問票の使用その他の適切な方法により当該重大事態に係る事実関係を明確にするための調査を行うものとする。

一　いじめにより当該学校に在籍する児童等の生命、心身又は財産に重大な被害が生じた疑いがあると認めるとき。

二　いじめにより当該学校に在籍する児童等が相当の期間学校を欠席することを余儀なくされている疑いがあると認めるとき。

2　学校の設置者又はその設置する学校は、前項の規定による調査を行ったときは、当該調査に係るいじめを受けた児童等及びその保護者に対し、当該調査に係る重大事態の事実関係等その他の必要な情報を適切に提供するものとする。

3　第1項の規定により学校が調査を行う場合においては、当該学校の設置者は、同項の規定による調査及び前項の規定による情報の提供について必要な指導及び支援を行うものとする。」

法律で定められた第三者委員会は本来公正な立場で調査を行い、調査報告書を作成することになっているにもかかわらず、なぜ第三者委員会のあり方が問われる状況になっているのでしょうか。

2014年7月の八戸市の高2生の事例では、保護者が担任にいじめを訴えていたにもかかわらず、担任はすぐに学生主任に伝えるべき情報と捉えることをせず、情報共有不足のために組織的な対応に結び付けられなかったとされました。(担任教員がいじめを抱え込み、学校のいじめ対策組織に情報が共有されず、重大な結果を招いたケース)

2016年6月の青森市の中2生の事例では、市いじめ防止対策審議会の報告書に思春期うつとの記述があり、遺族が納得せず一部委員の解任を求める事態が生じました。(被害者の保護者の意向が全く反映されないまま調査が進められ、調査結果が適切に保護者に提供されなかったケース)

2016年に神戸市で起きた中学生の事例では、「いじめがあった」と応えた同級生の聞き取りメモが教育委員会の担当者の指示で隠蔽されるという事態が生じました。(教育委員会等の機能不全)

いじめによる自殺というきわめて重大な事案のため、学校組織や教員が迅速な行動が取りにくいという側面があると思いますが、問題を抱え込まず関係者が情報共有を図り、自死遺族への適切な対応を心がけることが求められます。

法の趣旨に沿って、被害者や遺された遺族の立場に十分に配慮した調査や情報共有のあり方が求められています。

最後に自殺総合対策大綱で示された重点項目である「11.子ども・若者の自殺対策を更に推進する」の中の「いじめを苦にした子どもの自殺の予防」での記載事項を以下に示します。

- ●いじめ防止対策推進法、「いじめの防止等に関する基本的な方針」（平成25年10月11日文部科学大臣決定）等に定める取組を推進するとともに、いじめは決して許されないことであり、「どの子どもにも、どの学校でも起こり得る」ものであることを周知徹底し、全ての教育関係者がいじめの兆候をいち早く把握して、迅速に対応すること、またその際、いじめの問題を隠さず、学校・教育委員会と家庭・地域が連携して対処していくべきことを指導する。【文部科学省】
- ●子どもがいつでも不安や悩みを打ち明けられるような24時間の全国統一ダイヤル（24時間子供SOSダイヤル）によるいじめなどの問題に関する電話相談体制について地方公共団体を支援するとともに、学校、地域、家庭が連携して、いじめを早期に発見し、適切に対応できる地域ぐるみの体制整備を促進する。また、地方公共団体による取組を支援する等、子どもに対するSNSを活用した相談体制の実現を図る。【文部科学省】
- ●また、地域の人権擁護委員等が手紙のやりとりを通じて子どもの悩みに寄り添う「子どもの人権SOSミニレター」などの子どもの人権を守る取組を引き続き実施する。【法務省】
- ●いじめが人に与える影響の大きさへの理解を促すため、いじめを受けた経験のある人やいじめを苦に自殺で亡くなった子を持つ遺族等の体験談等を、学校において、子どもや教育関係者が聴く機会を設けるよう努める。【文部科学省】

09 地域・関係機関が連携して子どもの不安や悩みを支える仕組みを構築するにはどうしたら良いのでしょうか？

A 「児童・生徒のSOSの出し方に関する教育」を進めていく上では、地域の信頼できる大人をいかに増やしていくか、地域や関係機関の関係者が児童生徒の自殺対策に積極的に関与できる仕組みをいかに構築するかということが求められます。そのためには、学校と様々な地域関係者との連携強化が必要です。ところで、自殺対策という観点ではなくても、学校と地域の関係機関との連携について、国はこれまでも対策に取り組んできました。学校を核とした地域力強化プラン「学校・家庭・地域の連携協力推進事業」(平成21年度から)という取組があります。この事業では地域と学校をつなぐコーディネーターが中心となり、地域住民や豊富な社会経験を持つ外部人材等の協力を得て、学校支援活動（学校支援地域本部)、地域未来塾、放課後子供教室、家庭教育支援、地域ぐるみの学校安全体制の整備、スクールヘルスリーダー派遣などの取組を通じて社会全体の教育力の向上及び地域の活性化を図るという趣旨で事業が行われています。自殺対策との関連についての言及はありませんが、このような事業は自殺対策との関連のある事業として活用が可能な対策です。

中央教育審議会では、平成27年12月21日、「新しい時代の教育や地方創生の実現に向けた学校と地域の連携・協働の在り方と今後の推進方策について（答申)」を取りまとめ、保護者や地域住民の力を学校運営に生かす「地域とともにある学校づくり」を推進することにしました。この中には様々な提言がありますが、チーム学校の実現に向けて学校サポートチームの構築を推進するという施策があります。平成28年度には「地域とともにある学校づくりの推進」という事業の中で学校サポートチームの構築が盛り込まれました。

学校サポートチームとは、保護者や地域からの苦情・要望等に対応するためのチームであり、福祉担当者、弁護士、精神科医、警察OB、民生児童委員代表者、保護者代表などで構成されるチームです。電話で相談を受けたり、専門家が必要な助言を行ったり、サポートチーム全員で協議して解決策を提示するといった機能が想定されています。子どもの問題行動等を念頭に置いた苦情や対応を想定しているようですが、自殺のリスクの高い子どもの早期対応や見守りといった自殺対策とも連動させていくことが可能と思われます。

東京都教育委員会が公表した「生徒の自殺対策の取組〜寄り添い、支え、命を守るために〜」(平成30年2月、10〜11頁) では、社会全体による子供の不安や悩みの解消の対策を分かりやすく示していますので、紹介したいと思います。すでに述べた学校サポートチームの活用についても言及されていますので参考になると思います。

(1) 子供に関わる様々な地域人材や関係機関との連携による支援

学校が把握した子供の不安や悩みの要因や背景に応じて、教職員は、保護者はもとより、学校を所管する教育委員会や設置者である自治体、児童相談所、子供家庭支援センター、警察署、医療機関、PTAなどの関係機関や、民生・児童委員、主任児童委員、自治会役員、卒業生などと適切に連携し、その解消に向けた支援を行います。また、子供の状況によっては、保護者以外の親族、当該の子供の友人の保護者、学童クラブや放課後子供教室の職員、習い事や塾の関係者など、個々の子供に関係する様々な人材の協力を得て、あらゆる視点から子供を支え守りぬく体制を確立します。

⑵　「学校サポートチーム」の効果的な活用による状況把握と支援策の検討

子供たちの健全育成上の諸問題に対して、教職員が、保護者、地域、関係機関等と連携・協力して解決を図るための組織として、全ての公立学校に設置されている「学校サポートチーム」を効果的に活用して、学校や家庭だけでは十分に把握できない子供の不安や悩みの要因や背景を把握し、情報を共有します。特に緊急性が高いと想定される子供の状況が確認された場合には、迅速に「学校サポートチーム」の臨時会議を開催し、不安や悩みの解消に向けた支援策を検討します。会議の運営に当たっては、どの機関がどのように支援したり指導したりしていくか、具体的な支援策を決定できるようにします。

⑶　スクールソーシャルワーカーを中核とした地域・関係機関等との連携

子供の不安や悩みの解消に向けて、家庭の協力が十分に得られない場合や、特に福祉面からの支援を必要とする場合には、東京都教育委員会が要請に応じて都立学校に派遣するユースソーシャルワーカーや、区市町村教育委員会が配置しているスクールソーシャルワーカー等が、民生・児童委員、主任児童委員、児童相談所、子供家庭支援センター、医療機関など、地域や関係機関等との連携をコーディネートし、子供の状況に応じた多面的な支援を実現します。

「児童生徒のSOSの出し方に関する教育」では、SOSを発してよい信頼できる大人を周囲で見つけてくださいというメッセージを伝えますが、自分の周囲にどのような大人が信頼できる大人なのか分からないという子どもたちがいるはずです。周囲の信頼できる大人を増やしていき、子どもたちがそのことを認識できるように学校と地域の連携を深めていく努力が求められているのです。

10

長期休業明けの児童生徒の自殺対策のあり方と学校の場における養護教諭等の役割について教えてください。

A 平成28年度自殺対策白書において、児童生徒の日ごとの自殺者数を観察すると、長期休業明けの時期に増加することが示され、長期休業前から長期休業期間中、長期休業明けの時期にかけて、小学校、中学校、高等学校等における早期発見・見守り等の取組を推進することが重要と考えられるようになりました。自殺総合対策推進センターでは、昭和48年度から平成27年度における、通学適齢期の自殺者数、小中高の学校種別及び地域ブロック別に日別、旬別に分析を行い、以下のような事実を明らかにしました。

1）中学校及び高校段階では、9月1日の自殺者数が最も多いが、小

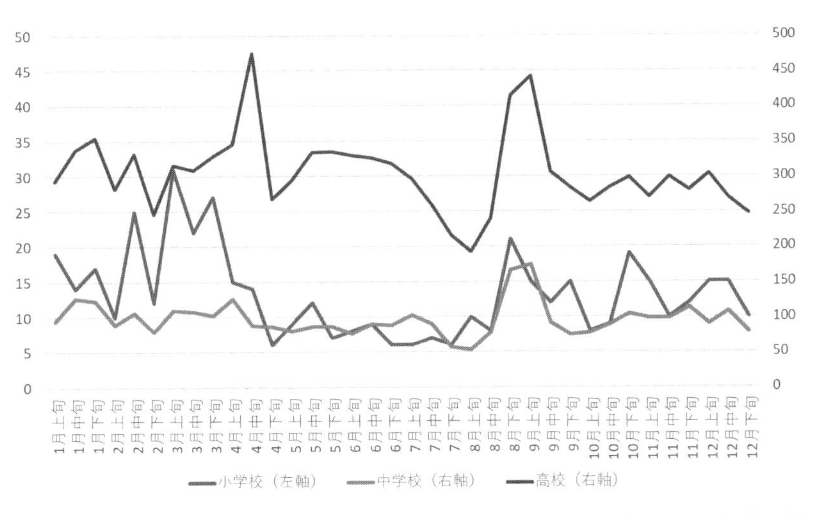

図1　小・中・高校段階　通学適齢期における旬別自殺者数（昭和48年度～平成27年度）

学校段階ではそうではない。
2）小学校、中学校、高校段階の通学適齢期全体を通じて、夏休み～夏休み明けに自殺者数の増加がみられる。直近10年では、8月下旬に自殺者数の増加がみられる（**図1**）。
3）地方ブロック間を問わず、8月下旬に自殺者数の増加がみられる。

以上より、小学校段階では、9月1日より前の8月下旬から取組の推進を強化することが望ましいこと、小学校では2月中旬から3月下旬にかけての時期においても取組を強化することが望ましいことが明らかになりました。

長期休業明けの児童生徒の自殺の防止については、保護者、学校、地域社会、マスコミがそれぞれの役割を果たすことが求められます。保護者の対応としては、なるべく早く子どもの心身の不調に気づくようにすること、必要ならば相談窓口に相談すること、本当につらい時には無理に学校に行かせないといった対応が考えられる。学校の対応としては、日ごろから児童生徒の心身の不調や悩みのサインを受け止めることができる学校としての指導体制や相談体制を整備することや不登校の児童生徒に対するきめ細かな対応（保護者との円滑な意思疎通など）が求められます。地域社会の対応としては、公的な相談窓口の周知（24時間こどもSOSダイヤル、こどものSOS相談窓口など）、子どもの自殺防止や不登校支援に取り組む民間団体の相談窓口の周知、などが挙げられます。最後にマスコミの対応についてですが、長期休業明けの児童生徒の自殺報道は自殺を誘引しないように記事の表現に十分に配慮することや、恒例行事化したような9月1日前後に特化した記事の掲載は慎み一過性ではなく継続的な自殺予防の記事の掲載が望ましいと思われます。

長期休業明けの児童生徒への支援の場としてはもちろんのこと、児童生徒への全般的な支援を充実させる場として、養護教諭の常駐する保健室やスクールカウンセラーが相談を行うカウンセリングルームなどがあります。これらの場を開かれた場として活用することが推奨されます。養護教諭は、原則として授業を担当せずに保健指導の面で児童生徒と接する役割を担っています。担任教諭や生徒指導を担当する教員は、児童生徒と密な接触を持つことから、日常的な生徒指導が子供の悩みの原因となっている場合には、かえって児童生徒は担任教諭等には相談しづらいという事情も起こりえます。このような場合には、生徒指導には直接かかわらない養護教諭やスクールカウンセラーは児童生徒には悩みを相談しやすい立場になります。とりわけスクールカウンセラーと違い、毎日学校に出勤している養護教諭は学校の場における相談相手となりうるのです。養護教諭にとっては、メンタルヘルスに関する相談を受けることへの不安もあると考えられるので、すべての養護教諭に研修会で適切な相談スキルを身につけてもらえるようにする体制の整備などが必要です。

第5章

精神保健医療福祉サービスの場における自殺対策

Q 01 適切な精神保健福祉サービスの提供とは具体的にどのようなことでしょうか。

A 「適切な精神保健医療福祉サービスを受けられるようにする」という重点施策について、大綱では、「自殺の危険性の高い人の早期発見に努め、必要に応じて確実に精神科医療につなぐ取組に併せて、これらの人々が適切な精神科医療を受けられるよう精神科医療体制を充実する」としています。このことは、自殺の危険性を高める可能性のある経済・生活の問題、福祉の問題、家族の問題など様々な問題に対して包括的に対応するために、精神科医療、保健、福祉等の各施策の連動性を高めて、誰もが適切な精神保健医療福祉サービスを受けられるようにすることを施策の目標としているものと理解されます。具体的に言えば、精神科医療、保健、福祉等の各施策の連動性の向上のためには、1）地域の精神科医療機関を含めた保健・医療・福祉・教育・労働・法律等の関係機関・関係団体等のネットワークの構築を促進する。特に、精神科医療、保健、福祉の連動性を高めること、2）地域においてかかりつけの医師等がうつ病と診断した人を専門医につなげるための医療連携体制や様々な分野の相談機関につなげる多機関連携体制の整備を推進すること、が施策として挙げられています。

また、精神保健医療福祉サービスを担う人材の養成のために、精神科医療従事者に対する研修を充実させること、認知行動療法などの治療法の普及させること、うつ病患者の治療に携わる者への研修などを行うこととしています。精神保健医療福祉サービスの連動性を高めるために精神保健福祉士等の専門職を、医療機関をはじめとする地域に配置する取組を進めることも示されています。その他に、かかりつけの医師等の自殺リスク評価及び対応技術等に関する資質の向上、子どもに対する精神保健医療福祉サービスの提供体制の整備、うつ等のスクリーニングの実施、うつ病以外の精神疾患等によるハイリスク者対策の推進、がん患者、慢性疾患患者等に対する支援、が挙げられています。

自殺総合対策推進センターが提供している地域自殺対策政策パッケージの中では精神保健医療福祉サービスの提供の例として、自殺未遂者支援が挙げられています。自殺未遂者への支援については、一般医療機関、精神科医療機関、救急救命センター等の救急医療機関における身体・精神科的治療とともに、地域に戻った後も、精神科医など専門家によるケアや、自殺未遂者の抱える様々な社会的問題への重層的・包括的な支援が必要です。自殺未遂者対策においては、救急搬送された自殺未遂者に対して、退院後も含めて継続的に適切に介入するほか、自殺未遂者が必要に応じて適切な精神科医療ケアを受けられるよう、救急医療関係者等への研修などを行うことや、救急医療機関と行政だけではなく、警察や消防も含めて、有機的な連携体制を構築し、継続的な医療支援や相談機関へつなげるためのネットワークが重要になります。そして、具体的な施策として、⑴医療と地域の連携推進による包括的な未遂者支援の強化、⑵医師・保健師等の専門職による積極的な介入、⑶関連機関への未遂者ケア等に関する研修等の実施、⑷家族等の身近な支援者に対する支援、の４つが挙げています。

自殺未遂者医療においても、精神科医療につながった後も、その人が自殺の危険性を高めた背景にある経済・生活の問題、福祉の問題、家族の問題など様々な問題に対して包括的に対応する必要があります。精神科医療、保健、福祉等の各施策の連動性を高めることによって、誰もが適切な精神保健医療福祉サービスを受けられるようにしなければなりません。

Q02 地域において自殺未遂者支援をどのように行ったらよいのでしょうか。

A 平成28年に実施された「日本財団自殺意識調査2016」によると、4人に1人（25.4%）が「これまでの人生のなかで、本気で自殺したいと考えたことがある」と回答し、3.4%が、過去1年以内に自殺念慮を抱いていたと回答しています。そして、自殺念慮を抱いた原因の上位3位は、男性では「勤務問題」、「経済生活問題」、「健康問題」という組み合わせであり、女性では「家庭問題」、「健康問題」、「経済生活問題」という組み合わせでした。また、過去1年以内に自殺未遂を経験した人は53万5,000人と推計され、「あなたはこれまでに自殺未遂をしたことがありますか」という質問に対し、6.8%が今までに経験があり、0.6%が過去1年以内に自殺未遂を経験していました。直近の未遂経験者の82.6%が2つ以上の問題を抱えていましたが、男女共に最も多く挙げられた「健康問題」との組み合わせとしては、男性が「(1位) 健康問題×（2位）経済生活問題×（3位）勤務問題」が多く、女性は「(1位) 健康問題×（2位）家庭問題×（3位）経済生活問題」が多いという結果でした。

以上の調査結果から分かることは、自殺念慮や自殺未遂を経験した人の多くが複数の問題を抱えており、対策や支援に取り組む関係者は連携して自殺対策に取り組むことが重要であるということです。

自殺未遂者支援の取組は自治体において先進的に行われた対策が報告されており、これらの先進的取組を踏まえて、自殺未遂者の再度の自殺企図を防ぐための対策を強化していくことが望まれます。また、自殺未遂者を見守る家族等の身近な支援者への支援を充実させることも必要です。また、救急施設に搬送された自殺未遂者への複合的ケースマネジメントの効果検証研究の成果なども参考にしつつ地域での取組を進めていくことが望ましいと思われます。大綱で示された施策の枠組みは次の3つです。

⑴　地域の自殺未遂者等支援の拠点機能を担う医療機関の整備

救急医療部門に搬送された自殺未遂者に退院後も含めて継続的な介入、対応困難例の事例検討、地域の医療従事者への研修等などが求められる。そのためには、地域の自殺未遂者支援の対応力を高める拠点となる医療機関が必要である。

⑵　救急医療施設における精神科医による診療体制等の充実

救命救急センター等に精神保健福祉士等の精神保健医療従事者等の配置、精神保健医療従事者によるケアが受けられる救急医療体制の整備、自殺未遂者の治療とケアに関するガイドラインの救急医療関係者等への研修等を通じての普及。

⑶　医療と地域の連携推進による包括的な未遂者支援の強化

地域の精神科医療機関を含めた保健・医療・福祉・教育・労働・法律等の関係機関・関係団体のネットワークの構築による切れ目のない継続的かつ包括的な自殺未遂者支援の推進。かかりつけの医師等がうつ病と診断した人を専門医につなげるための医療連携体制や多機関連携体制の整備の推進。

地域における自殺未遂者支援対策の事例を紹介します。これらの好事例を参考に地域の実情にあった自殺未遂者対策を策定していくことが望まれます。

⑴　医療と地域の連携推進による包括的な未遂者支援の強化の事例：

東京都荒川区では、未遂者支援医療連携モデル事業として、地域の救急医療機関である日本医科大学と連携し、自殺未遂者を把握した時点で本人の同意を得て、保健所の担当保健師と高度救命救急センターの専従ケースワーカーが速やかに必要な情報共有を図り、未遂者を必要な支援へつなぐ体制を構築しました。

⑵　医師・保健師等の専門職による積極的な介入の事例：　神奈川県

横須賀市では、自殺企図により救命救急センターに救急搬送された患者及びその家族を対象に、保健所が積極的に介入し、自殺未遂者の再企図防止を図りました。また、未遂者ケアフローチャートおよび保健所紹介のリーフレットを活用した積極的な介入も行いました。

⑶　関連機関への未遂者ケア等に関する研修等の実施：　大阪府堺市では、さまざまな職種で構成されたグループを作り、自殺未遂者ケアの事例についてのグループ・ディスカッションやワークショップ等を行い、未遂者ケアについて体系的に学び職種間の情報交換も目的とした自殺未遂者ケア研修会を行いました。

⑷　家族等の身近な支援者に対する支援：　滋賀県では、滋賀県立精神保健福祉センターが実施主体となり、自殺未遂者の再企図防止支援事業（湖南いのちサポート相談事業）として、管内の救急告示病院を受診した自殺未遂者やその家族等に対して相談支援を行いました。

Q 03 住民健診などで高齢者などを対象にうつ病などのスクリーニングを行うことは自殺対策としてどのような意義がありますか？

A 精神保健医療福祉サービスの観点から自殺対策を進めていく上では、うつ病の早期発見・早期介入はとても重要です。自殺既遂者の自殺前の精神医学的状態を評価した研究では、約30％の者にうつ病を含む気分障害が認められたという研究が報告されています（WHOの多国間共同調査、2004年）。すなわち、自殺行動に至った人の直前の心の健康状態を見ると、大多数は、様々な悩みにより心理的に追い詰められた結果、抑うつ状態あるいはうつ病、アルコール依存症等の精神疾患を発症していたりと、これらの影響により正常な判断を行うことができない状態となっていることが明らかになっているのです。また、職場におけるストレスチェック制度の導入も、うつ病などのメンタルヘルスの不調に対する一次予防的な介入（早期発見・早期介入）を意図したものです。

本項では介護保険事業の中に組み込まれているうつ病のスクリーニングとその意義について解説をしたいと思います。地域では介護予防事業の一環として行われる住民基本健康診査において、高齢者のうつ病を念頭においたスクリーニングが行われています。一次予防の視点から地域の高齢者すべてを対象として行われる普及・啓発、健康教育、健康診査、個別健康相談や指導等の介護予防一般高齢者施策、および二次予防の視点から要支援・要介護になるおそれのある虚弱高齢者（特定高齢者）を対象に行われる介護予防特定高齢者施策を通してのうつ予防事業の二つが行われています。

一次予防対策として市町村の住民を対象にうつ病のスクリーニングを行う手順としては、次のような流れが考えられます。まず、年齢層としては40歳以上を対象とすることなどが考えられます。スクリーニング質問票としては、基本健康診査の問診票を同封し事前に受診者に配布します。健診当日は、精神面の問診（うつスクリーニング）について充分な説明を行い、スクリーニングの結果うつ病のリスクが高いと判定された住民に対しては、うつ病についての相談、医療機関への受診が適切に行われるようになるように体制を整えておきます。同時に自殺対策の観点から、自殺予防に関する総合的な理解を深められるような指導や講話やうつ病予防につながる心の健康づくりを進めるようにします。

高齢者は、配偶者との死別、友人や近隣者の死といった身近な人を失う機会が多く、身体面・精神面でストレスを感じやすくなる世代です。高齢に伴いさまざまな病気を抱えることも多く、さらに退職や子どもの巣立ちなどにより社会的にも家庭的にも役割を失いがちになります。自分の居場所を見つけて地域の中で交流を深められる高齢者ばかりでなく、日常生活動作能力の低下のため家に閉じこもりがちになる高齢者もいます。このように高齢者を取り巻く状況はうつ病を引き起こしやすくなる要因に満ちているということができます。

自殺総合対策大綱では、「6. 適切な精神保健医療福祉サービスを受けられるようにする」の中の「⑹うつ等のスクリーニングの実施」において、高齢者のうつ病予防に関して言及がなされています。

「保健所、市町村の保健センター等による訪問指導や住民健診、健康教育・健康相談の機会を活用することにより、地域における、うつ病の懸念がある人の把握を推進する」

「特に高齢者については、閉じこもりやうつ状態になることを予防することが、介護予防の観点からも必要であり、地域の中で生きがい・役割を持って生活できる地域づくりを推進することが重要である。このため、市町村が主体となって高齢者の介護予防や社会参加の推進等のための多様な通いの場の整備など、地域の実情に応じた効果的・効率的な介護予防の取組を推進する」

また、「8. 自殺未遂者の再度の自殺企図を防ぐ」の中の「(4)居場所づくりとの連動による支援」において、「配偶者と離別・死別した高齢者や退職して役割を喪失した中高年男性等、孤立のリスクを抱えるおそれのある人が、孤立する前に、地域とつながり、支援とつながることができるよう、孤立を防ぐための居場所づくり等を推進する」としており、高齢者の居場所づくりが自殺未遂者対策としても重要であることを示しています。

Q 04 うつ病やうつ状態のハイリスク者に対する対策をどのように進めていけば良いのですか？

A 改正された自殺対策基本法では生きることの包括的支援として自殺対策を進めることが理念として明確にされたが、このことはうつ病等のハイリスク者に対する対策を進める重要性を軽視するものではない。自殺者の多くは自殺する直前にはうつ的状態に陥っていることが多く、希死念慮を有する自殺のハイリスク者に対しては、適切な精神保健医療福祉サービスを提供する体制を充実させることは必要である。

まず、うつ病やうつ的状態の人に対する対策をどのように進めていくかについてであるが、これについてはわが国においても予防医学的モデルとして対策のノウハウが蓄積されているので、それらの対策を全国に拡大していくことが重要となる。一次予防的な対策としては、主として農村部を中心に開発された地域づくり型自殺総合対策が確実な科学的根拠を有する好事例として知られている。地域づくり型自殺総合対策では、住民への普及啓発の強化、住民を活用したゲートキーパー養成という自殺対策を支える人材育成の強化、地域の民間団体等を含む関係者の連携とネットワークの強化、孤立しがちな人への居場所づくり等の支援が行われてきた。これらの対策は平成29年に公表された「地域自殺対策政策の政策パッケージ」の基本パッケージとして採用されている。平成13～15年に秋田県の自殺予防モデル事業の成果はその代表的事例として知られている。住民に対するうつや自殺に対するリーフレットの全戸配布等の積極的な啓発活動の展開、質問紙による住民のスクリーニングとハイリスク者のフォローアップ、保健師によるハイリスク者に対する定期的訪問、住民を対象としたゲートキーパー養成事業、住民同士のネットワーク活動の強化などにより、強力な介入事業を実施した自治体の自殺率は非実施の自治体と比較して47％の自殺率の減少を認めた。この事例は住民参加型の地域づくり型自殺対策は4年という短期間で自殺率減少という効果をもたらすことを示したものである。

うつ等のスクリーニングによりハイリスクと判断された住民は、かかりつけ医や精神科クリニックなどの医療機関の受診につなげることが必要だが、単に薬物治療にゆだねるだけでなく、うつ的状態に至る背景要因を保健師等が把握し、医療機関と連携を強化して地域での見守りにつなげる事が大切である。うつ的状態に至る背景要因（例えば、家族問題、労働問題など）を評価することで、当事者の生活ニーズ、医療ニーズを包括的に支援することが可能になり、医療的対応だけでは解決できない社会的要因へのアプローチに結び付けられるだろう。

うつ等のスクリーニングとして地域保健の取組として行われている事業として、老人保健事業の一環として行われたきた住民基本健康診査におけるうつ等のスクリーニングが挙げられる。高齢者では、閉じこもりやうつ状態になることを予防することが、介護予防の観点からも必要であり、地域の中で生きがいや役割を持って生活できる地域づくりを推進することが重要である。そのため、市町村が主体となって高齢者の介護予防や社会参加の推進等のための多様な交流の場の整備などを行い、地域の実情に応じた効果的・効率的な介護予防の取組を推進することが望まれる。

次に、二次予防的な対策として、自殺未遂者に対する精神保健医療的対策の全国的な体制整備が必要である。自傷行為や自殺未遂により精神科救急医療機関等に運ばれた者が、病院での医療的対応がなされたあとにどのように地域でフォローアップしたら良いのかについては、先進的な自治体の取組がある。東京都荒川区の取組は、特定機能病院として高度救命救急センターのある日本医科大学と荒川区が連携して、医療機関で治療のなされた自殺未遂者に対して継続的に地域でのケアにつなげる取組である（第5章Q2）。では、厚生労働省の研究事業として行われたACTION-Jの取組を紹介する。ACTION-Jでは大学病院等の精神科救急医療機関に運ばれた自殺未遂者等が病院での治療とアセスメントを行ったあと、効果的なケースマネジメントにより地域でフォローアップすることで自殺未遂の再発を予防するというプログラムである。ACTION-Jは大学病院などの人的資源と高度なマネジメントシステムが構築可能な医療機関が関与する先端的なモデル事業であり、一般的な医療機関でただちに対応できるものではないが、自殺未遂者の地域の包括的ケアを推進していくための示唆を含むモデルとなっている。なお、自殺未遂者や自死遺族を地域で包括的にケアするための拠点として、自殺対策拠点病院を整備するという構想も自殺対策基本法の改正のポイントとして議論されたことがあり、将来的にはこのような自殺対策拠点病院構想が進展する可能性があることも付言しておきたい。

Q 05 うつ病以外の精神疾患で自殺対策との関連で留意すべき疾患にはどのようなものがありますか？

A 自殺総合対策大綱で示された「適切な精神保健医療福祉サービスを受けられるようにする」という施策を充実させるためには、医療関係者はもとより都道府県地域自殺対策推進センターの職員や市町村の自殺対策担当者のすべてが、うつ病をはじめとして様々な精神疾患が自殺問題にどのように関連するかの理解を深めておく必要があります。大綱では「6. 適切な精神保健医療福祉サービスを受けられるようにする」の中の「(7)うつ病以外の精神疾患等によるハイリスク者対策の推進」において、自殺の危険因子となりうる精神疾患について列挙しています。

「うつ病以外の自殺の危険因子である統合失調症、アルコール健康障害、薬物依存症、ギャンブル等依存症等について、アルコール健康障害対策基本法等の関連法令に基づく取組、借金や家族問題等との関連性も踏まえて、調査研究を推進するとともに、継続的に治療・援助を行うための体制の整備、地域の医療機関を含めた保健・医療・福祉・教育・労働・法律等の関係機関・関係団体のネットワークの構築、自助活動に対する支援等を行う」

「また、思春期・青年期において精神的問題を抱える者、自傷行為を繰り返す者や過去のいじめや被虐待経験などにより深刻な生きづらさを抱える者については、とりわけ若者の職業的自立の困難さや生活困窮などの生活状況等の環境的な要因も十分に配慮しつつ、地域の救急医療機関、精神保健福祉センター、保健所、教育機関等を含めた保健・医療・福祉・教育・労働・法律等の関係機関・関係団体のネットワークの構築により適切な医療機関や相談機関を利用できるよう支援する等、要支援者の早期発見、早期介入のための取組を推進する」

統合失調症では幻聴や妄想などの病的体験により自殺行動を起こすことがあります。また、病的体験が消失する時期に病識が出現することで自殺行動の契機となる例もあります。統合失調症の発症は10代後半であることが多く、大学生や引きこもりになった若者の自殺対策を考えるときには統合失調症のことを念頭に置く必要があります。幻聴や幻覚が見られる場合には入院加療を行う必要があります。また、症状の慢性化や治療の長期化を悲観するなどしてうつ状態となり自殺にいたるケースもあります。このようなケースの場合には、自宅に閉じこもったり、社会との接触が乏しくなるなどの特徴が認められることが多く、地域包括ケアの観点で生活支援や保健サービスの支援を行うことが求められます。統合失調症については、社会の偏見がいまだに強いとも思われますので、個別の対応とともにスティグマを軽減させるための地域における啓発普及活動の推進も重要になります。地域づくりの観点から適切な精神保健医療福祉サービスを提供できるようにすることが、究極の対策になるのです。

アルコール依存症と自殺の関係については、多くの研究者がその強い関連性を指摘しています。アルコール依存症には高い頻度でうつ病を併発することも留意する必要があります。また、自殺の直前には飲酒をする者が多いという点も指摘されており、酩酊状態で衝動性が高まることと行動の制御ができなくなるために自殺行動に及ぶことになると指摘されています。アルコール依存症のケースでは、専門的な医療機関や断酒会などの自助グループの存在が重要になります。地域においてアルコール依存症者をサポートできる仕組みがいかに構築されているかが、自殺対策においても重要になります。

薬物依存症としては大麻や覚醒剤などが念頭に浮かぶが、精神科を受診している患者に処方されている向精神薬も依存薬物と捉えることができます。すなわち、向精神薬の過量服薬による自殺行動についても薬物依存との関連で考慮する必要があります。

ギャンブル依存症とは、その人の人生に大きな損が生じるにも関わらず、ギャンブルを続けたいという衝動が抑えられない病態をいいます。日本ではギャンブル依存症が疑われる人の数は平成25年度で4.8%と推計されているので、ギャンブル依存で苦しんでいる人は多いということができます。ギャンブル依存症はカジノを中心とする統合型リゾート施設（IR）整備推進法の施行と関連し、法律の中で「カジノ施設の入場者がカジノ施設を利用したことに伴いギャンブル依存症等の悪影響をうけることを防止するために」必要な措置を講ずるものとするとする条文が入ったということで話題になりました。ギャンブル依存症対策としては、依存症予防教育の充実のほか、社会復帰、民間活動への支援、事業者による広告・入場規制などが挙げられています。

地域において自殺対策を総合的に進めていく上で、上記のような精神疾患の存在を念頭におき、適切な精神保健医療福祉サービスを受けられるように地域全体で対策を進めていくことが重要になります。

IR実施法の成立でカジノ解禁によるギャンブル依存症の増加が懸念されるという議論がありましたが、ギャンブル依存症と自殺対策の関係について教えて下さい。

A 平成30年6月20日に国会で成立したIR（カジノを含む統合型リゾート）実施法はカジノを刑法の賭博罪の適用対象から除外し解禁するとともに、カジノの営業規制などを定義しています。当面は国内3カ所を設置の上限とし最初の認定から7年後に箇所数の見直しを可能とすることになっています。また、同法では入場回数を週3回、28日間で10回に制限するとしています。国会審議の中では、カジノの解禁によるギャンブル依存症の増加の懸念などがあるとの議論がありました。ギャンブル依存症の結果としての経済的破綻等により追い込まれた末に自殺する者が増える可能性が指摘されており、今後の自殺対策の推進においても十分な配慮をすべき問題と言えます。ギャンブル依存症を精神医学的な「病気」として定義することで、医療面での個別的支援を充実させるということはできますが、同時にギャンブル依存症の結果としての経済的破綻、生活困窮、社会の中での孤立などが自殺に結びつく可能性があるという社会的側面を「誰も追い込まれることのない社会の実現」という観点からしっかりと認識する必要があります。

平成28年12月に成立した「特定複合観光施設区域の整備の推進に関する法律」では、政府はカジノ施設の設置及び運営に関し、有害な影響の排除を適切に行う観点から、「カジノ施設の入場者がカジノ施設を利用したことに伴いギャンブル依存症等の悪影響をうけることを防止するために」必要な措置を講ずるものとするとされており、ギャンブル依存症対策を政府が行うことになりました。厚生労働省の依存症対策事業では、国立病院機構久里浜医療センターが依存症対策の全国拠点機関に指定されています。

ギャンブル依存症とは、アメリカ精神医学会の精神疾患の診断基準である「精神疾患の分類と診断の手引き」(DSM-V) において、「ギャンブル障害」として記述されており、診断基準は次のようになっています。

A．臨床的に意味のある機能障害または苦痛を引き起こすに至る持続的かつ反復性の問題賭博行動で、その人が過去12か月間に以下のうち4つ（またはそれ以上）を示している。(問題行動の例示は省略。詳細は国立病院機構久里浜医療センターのホームページを参照して下さい)

B．その賭博行動は、躁病エピソードではうまく説明されない。

わが国のギャンブル依存症の実態については、厚生労働省が成人1万人を対象にした平成29年度の面接調査の結果を公表しています。それによると、生涯で依存症が疑われる状態になったことのある人は3.6%と推計され、20～74歳の全人口に当てはめると約320万人と推計されました。男女の内訳でみると、男性は6.7%、女性は0.6%と、男性に依存症が疑われる人が多い調査結果でした。

ところで、カジノを誘致することは地域経済を活性化させるということが期待されていますが、韓国ではカジノ誘致に伴う負の側面も社会問題化しているということが知られています。韓国の江原道（カンウオンド）に誘致されたカンウォンランドは韓国人が入場できる唯一のカジノとして知られています。1980年代には炭鉱の町だったカンウオンドのチョンソン郡は炭鉱閉鎖で経済的な危機に直面し、地域活性化のためにカジノを誘致するという選択をしました。カンウォンランドでは外国人専用カジノと韓国人も利用可能なカジノの2種のカジノがあり、カジノの売上により税収増加が認められますが、一方で地域における自殺数の増加、犯罪率の増加などが社会問題化しており、国民の間にカンウォンランドに対する否定的イメージを醸成することになりました。

カンウォンランドのあるチョンソン郡の自殺率は人口10万対47.2（2014年）であり、韓国全体の自殺率23.9と比べて高い水準です。また、リゾート会社によれば、カジノ依存症のホームレスは約500人とのことです。

ギャンブル依存症に対する対策は韓国でも法律で定められているのですが、実情はギャンブル依存症患者の増加に対する社会的対応が必要になっているのです。

ギャンブル依存症の人は健康障害（うつなどの精神障害）、虐待、DV、借金、生活困窮などのさまざまな生活上の問題を抱えることが多く、これらはいずれも自殺のリスク要因であることから、結果として自殺のリスクが高まることになります。

国立病院機構久里浜医療センター（依存症対策の全国拠点機関）を中心に、平成29年から次のような事業が行われています。

① 依存症対策を推進する上で必要な人材を養成するための研修などを実施することができる指導者の養成
② 依存症に関する情報収集
③ 行政機関、医療機関や一般国民に対する情報提供、助言・指導
④ 依存症患者、依存症に関連する問題（健康障害、虐待、DV、借金、生活困窮など）を有する者、依存症が疑われる者、依存症になるリスクを有する者、依存症からの回復を目指す者や、その家族などに対する支援体制の全国的な整備

いうまでもなく、このような対策は依存症対策であるとともに自殺対策にも資するものです。自殺対策の関連施策としてギャンブル依存症対策を位置づけ、これらの施策を連動して地域での対策を進めて行くことが求められています。

本項では、ギャンブル依存症としてカジノ問題を取り上げましたが、従来から課題となっており対象人口も大きいパチンコ、競馬、競輪などのギャンブルにおいても十分に対策を取る必要があります。

〔参考文献〕

Japan Times by Kanga Kong.
https://www.japantimes.co.jp/news/2017/01/19/asia-pacific/homeless-korean-casino-gambling-addicts-signal-warning-japan/#.W1qfAtX7SUk

07 アルコール依存症と自殺との関連について教えてください。また、アルコール健康障害対策基本法についても教えてください。

A 依存症は、ギャンブル依存やゲーム依存や買い物依存といった「行為・過程に対する依存症」もありますが、元来は物質に対する依存であるアルコール依存や薬物依存などの「物質依存症」を指す言葉でした。依存と嗜癖は厳密には使い分けるべきでしょうが、本項では一般的に使われることの多い依存という言葉で統一します。ちなみに、嗜癖とはある習慣が行き過ぎてしまい、その行動をコントロールするのが難しいまでになった状況です。その行き過ぎた行動のために、さまざまな健康問題や社会的問題を引き起すことになります。例えば、ギャンブル嗜癖、買い物嗜癖、セックス嗜癖などがこれに該当します。依存は嗜癖の一部で、嗜癖のなかで特に習慣の対象が何らかの物質の場合を指します。アルコール依存、ニコチン依存、覚せい剤依存などが該当します。（久里浜医療センターのHPより、一部改変：http://www.kurihama-med.jp/tiar/tiar_01.html）

さて、アルコール依存症は、精神的にも身体的にもアルコールに依存した状態であり、飲酒のコントロール喪失（精神的依存）や離脱症状（身体的依存）のどちらか、または両方が認められる場合に依存症と診断されます。また、アルコール依存症は長年の大量飲酒によって引き起される生活習慣病という側面も有しています。アルコール依存症の患者数は2003年の調査では約80万人と推計されています。

アルコールの乱用、依存、酩酊、大量飲酒は自殺のリスクを高めるといわれています。その医学的背景としては、アルコールの使用により絶望感、孤独感、抑うつ気分が増強され、自身に対する攻撃性が高まることが指摘されています。このような心理状態では、自殺念慮を行動に移しやすくなり、心理的視野狭窄とあいまって、自殺のリスクが高まるものと推測されています。

アルコール依存症の人は依存症ではない人と比較して自殺の危険性が約6倍高いとされています。うつ病、対人関係のストレス、社会的支援の欠如、失業などの様々な要因が複合することで、自殺のリスクが高まるといわれています。また、自殺の直前に飲酒する割合は高いことが知られています。

このようにアルコール依存症、さらにアルコール健康障害は、適切な精神保健医療福祉サービスの提供という観点から、自殺対策の重点事項として大綱でも取り上げられています。大綱では、「うつ病以外の自殺の危険因子である統合失調症、アルコール健康障害、薬物依存症、ギャンブル等依存症等について、アルコール健康障害対策基本法等の関連法令に基づく取組、借金や家族問題等との関連性も踏まえて、調査研究を推進するとともに、継続的に治療・援助を行うための体制の整備、地域の医療機関を含めた保健・医療・福祉・教育・労働・法律等の関係機関・関係団体のネットワークの構築、自助活動に対する支援等を行う」（重点事項6. 適切な精神保健医療福祉サービスを受けられるようにする）と記載されています。

アルコール健康障害対策基本法は平成26年6月1日に施行されました。アルコール健康障害をアルコール依存症その他の多量の飲酒、未成年者の飲酒、妊婦の飲酒等の不適切な飲酒の影響による心身の健康障害と定義した上で（第2条）、法の基本理念として「アルコール健康障害の発生、進行及び再発の各段階に応じた防止対策を適切に実施するとともに、日常生活及び社会生活を円滑に営むことができるように支援すること」としています。

また、「飲酒運転、暴力、虐待、自殺等の問題に関する施策との有機的な連携が図られるよう、必要な配慮すること」としています。第4～9条は責務規定が示され、「国・地方公共団体・国民・医師等・健康増進事業実施者の責務とともに、事業者の責務として、アルコール健康障害の発生、進行及び再発の防止に配慮する努力義務」を規定しています。第12条では「政府は、アルコール健康障害対策の総合的かつ計画的な推進を図るため、アルコール健康障害対策の推進に関する基本的な計画（以下「アルコール健康障害対策推進基本計画」という。）を策定しなければならない」とし、第14条では、「都道府県は、アルコール健康障害対策推進基本計画を基本とするとともに、当該都道府県の実情に即したアルコール健康障害対策の推進に関する計画（以下「都道府県アルコール健康障害対策推進計画」という。）を策定するよう努めなければならない」としています。

基本的施策としては「教育の振興・不適切な飲酒の誘引の防止・健康診断及び保健指導・アルコール健康障害に係る医療の充実等・アルコール健康障害に関連して飲酒運転等をした者に対する指導等・相談支援等・社会復帰の支援・民間団体の活動に対する支援・人材の確保等・調査研究の推進等」が規定されています。推進体制として「政府は、内閣府、法務省、財務省、文部科学省、厚生労働省、警察庁その他の関係行政機関の職員をもって構成するアルコール健康障害対策推進会議を設け、アルコール健康障害対策の総合的、計画的、効果的かつ効率的な推進を図るための連絡調整を行うものとする」（第25条）としています。

以上、アルコール健康障害対策基本法の概要を示しましたが、自殺対策と有機的に連動してアルコール健康障害対策が地域で進められることが望まれます。

Q 08 自殺未遂者対策として医療関係者への研修が必要だと思いますが、どのような研修を行えばよいのですか？

A　自殺総合対策大綱では、「8．自殺未遂者の再度の自殺企図を防ぐ」において、(1)地域の自殺未遂者等支援の拠点機能を担う医療機関の整備、(2)救急医療施設における精神科医による診療体制等の充実、(3)医療と地域の連携推進による包括的な未遂者支援の強化、などの対策が示されています。

これらの対策においては、「対応困難例の事例検討や地域の医療従事者への研修」、「自殺未遂者に対する的確な支援を行うため、自殺未遂者の治療とケアに関するガイドラインについて、救急医療関係者等への研修」といった人材養成・研修の重要性が指摘されています。

ここでは、自殺未遂者対策として行われている、「自殺未遂者研修（一般救急版）」と「自殺未遂者研修（精神科救急版）」の概要について説明したいと思います。この二つの研修は平成27年度までは厚生労働省の事業として実施されてきましたが、平成28年度からは自殺総合対策推進センターが主催し、日本臨床救急医学会（一般救急版）、日本精神科救急学会（精神科救急版）を共催者として、開催しています。両研修会とも研修の企画は自殺総合対策推進センターと学会が緊密な連携をとって行い、一般救急版は「救急医療に従事する医師、看護師、救急救命士、その他、地域救急医療や地域精神保健福祉に関わる人」を対象に、精神科救急版は「精神保健福祉に従事する医師、看護師、精神保健福祉士など」を対象に実施しています。一般救急版は、初期対応からアセスメントまで救急医療現場で役立つ自殺未遂者ケアのポイントを、日本臨床救急医学会が厚生労働省と共に作成したガイドラインに沿って体系的に学んでいただくとともに、モデル症例を用いた多職種ワークショップを通じてケアのあり方を実践的に習得してもらう内容となっています。一方、精神科救急版は、初期対応から継続的な支援まで、臨床現場で役立つ自殺未遂者ケアのポイントを、日本精神科救急学会が厚生労働省と共に作成したガイドラインに沿って体系的に学んでいただくとともに、モデル症例によるワークショップを通じケアのあり方を実践的に習得してもらう内容となっています。

平成29年度に開催された一般救急版の研修内容は次のようになっています。

⑴　講義：

①　一般救急医療における自殺未遂者対応

②　自殺未遂者対応に関する施策・医療の動向

③　救急患者精神科継続支援料加算と要件研修会

④　日本臨床救急医学会等による自殺未遂者対応に関するガイドライン

⑤　自死遺族に関する課題

⑵　講義のほかに、具体的な症例提示により、個別症例の課題を討議するワークショップを行いました。そして、グループごとの成果を全体会にて情報共有しました。

次に、平成29年度に開催された精神科救急版の研修内容は次のようになっています。

⑴　講義

①　自殺行動の精神医学的理解と対応

②　自殺の現状と自殺対策の方向性–改正自殺対策基本法の理念と枠組み

③　自殺未遂者対応ガイドラインの説明

⑵　ワークショップ

二つのシナリオに基づく症例提示と、症例の問題点についての討議と整理。最後にグループごとの成果を全体会で発表し情報共有しました。

どちらの研修会でも、研修終了後に終了証を授与しています。

自殺未遂者に関する研修会は大綱の趣旨に沿って企画され、少人数グループによるワークショップにより参加者が主体的に参加し、自殺未遂者対応のガイドラインを理解し、自殺未遂者への的確な対応に関するスキルを身につけるということを目標にしています。講義だけでなく、症例を理解しながら自らの解決力を高めていくという形の実践的な研修になっています。小グループでのワークショップにより力量を高めていくという趣旨のために、参加者の数が少ないのが特徴ですが、研修終了後の事後アンケートでは参加者の満足度は高く、研修の効果は大きいものと思われます。

今後の課題としては、中央で年2回開催する研修会に加えて、都道府県地域自殺対策推進センターを核にした同レベルの研修会を開催できるようにすることが必要と考えられます。地域における自殺未遂者対策が医療関係者との緊密な連携の上で進められていくためにも、今後は地域自殺対策推進センターの果たす役割は大きいのです。

Q 09 自殺未遂者の社会復帰を促進するために地域連携をどのように進めたら良いのですか？

A　自殺未遂者は自殺の最も深刻なハイリスク群であり、未遂者の再企図防止は自殺者を減少させるための重要課題の一つです。そのためには、一般医療機関、精神科医療機関、救急救命センター等の救急医療機関における身体・精神科的治療とともに、地域に戻った後も、精神科医など専門医による地域ケアや、未遂者の抱える様々な社会的問題への重層的・包括的な支援が必要です。

自殺未遂者のケースマネジメントを実施できる「高度救命救急センター」や「救命救急センター」といった第三次救急医療機関では、自殺未遂者の退院後のフォローアップが可能です。しかしながら、救急入院した未遂者の治療後・退院後のフォローアップ体制がない場合は、行政が未遂者を把握することが困難なため、相談窓口や様々な支援機関・団体等につなげ、危険因子を軽減し再企図を防止することが困難です。したがって、自殺未遂者対策においては、救急搬送された自殺未遂者に対して、退院後も含めて継続的に適切な介入を行うほか、自殺未遂者が必要に応じて適切な精神科医療ケアを受けられるよう、救急医療関係者等への研修などを行うことや、救急医療機関と行政だけではなく、警察や消防も含めて、有機的な連携体制を構築し、継続的な医療支援（地域ケア）や相談機関へつなげるためのネットワークを構築することが重要です。

自殺未遂者の再企図を防止し、社会復帰を促進するための地域連携として、以下の対策が挙げられます。

⑴　行政は支援機関や自殺未遂者本人及び家族等と調整を行い、地域の継続した支援につなげるための相談窓口を開設する。

⑵　行政・警察・消防・医療機関等の有機的な連携体制を構築し、自

殺未遂者の情報を共有することにより、地域において当事者や家族への継続的・包括的な支援を行う。

(3) 救急搬送された自殺未遂者に、保健所や保健師が積極的に介入し、適切な支援を図ることにより、再企図を防止する連携体制を整備する。

(4) 救急受診（搬送）した自殺未遂者及び自殺未遂者の家族を、必要とする精神科医療や適切な相談窓口にスムーズにつなげるための連携体制の構築・強化及びコーディネーター等の養成を行い、再企図防止のための支援を行う。

地域連携の取り組み事例として、東京都では、自殺の再企図防止に向けて、支援機関や未遂者本人等と調整を行い、地域の継続した支援につなげるための相談・調整窓口である「東京都自殺未遂者対応地域連携支援事業（東京都こころといのちのサポートネット）」を解説しています（**図1**）。

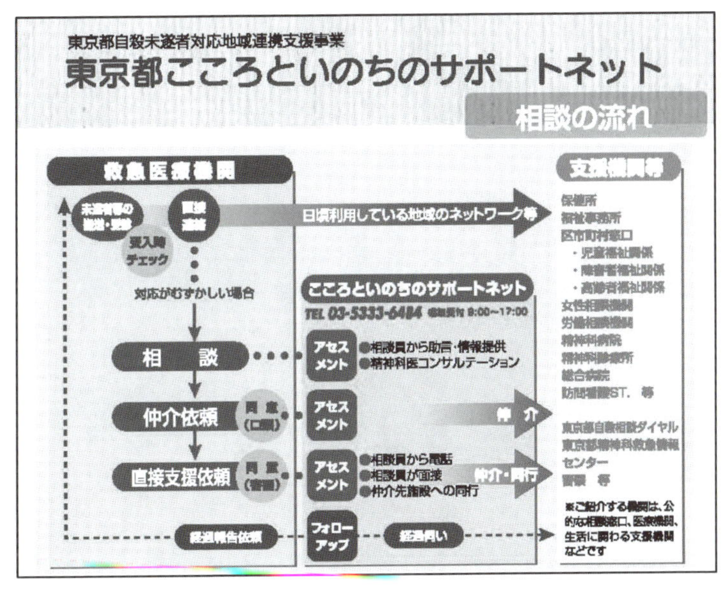

図1　東京都自殺未遂者対応地域連携支援事業

また、地域の救急医療機関である日本医科大学と連携し、未遂者を把握した時点で、本人の了解を得て、保健所の保健師と高度救命救急センターの専従ケースワーカーが速やかに情報共有を図り、未遂者を必要な支援へつなぐ東京都足立区の未遂者支援医療モデル事業があります。

神奈川県や福岡県では、司法書士会の協力のもと、自殺未遂者に法的対応も含めた包括的な支援を行うため、救命救急センターをはじめとする医療機関との連携を取り、法的問題を抱える自殺未遂者に対する支援事業（ベッドサイド法律相談事業）が行われています。政令市・中核市を含めた大阪府全域では、警察署から情報提供を受けた保健所等が自殺未遂者に連絡し、電話や面接などによる相談支援を行う警察署との連携による自殺未遂者相談事業が行われています。

第6章

自死遺族への支援

01

自死遺族への情報提供のあり方について教えてください。

A　自殺総合対策大綱では、「遺族等が総合的な支援ニーズを持つ可能性があることを踏まえ、必要に応じて役立つ情報を迅速に得ることができるよう、一般的な心身への影響と留意点、諸手続に関する情報、自助グループ等の活動情報、民間団体及び地方公共団体の相談窓口その他必要な情報を掲載したパンフレットの作成と、遺族等と接する機会の多い関係機関等での配布を徹底するなど、自殺者や遺族のプライバシーに配慮しつつ、遺族等が必要とする支援策等に係る情報提供を推進する」と提言されています（9. 遺された人への支援を充実する　(3)遺族等の総合的な支援ニーズに対する情報提供の推進等）。

遺された人にとって必要となる情報には、自死の直後より必要となるものと、中長期的に必要となるものがあります。行政や関連機関は、自死遺族が必要な時に情報を迅速かつ的確に得ることができるように支援することが望まれます。

自死による悲嘆や混乱といった辛い状況にあっても、遺族がしなければならない諸手続きは多くあります。直後から自死遺族がしなければならないものに、葬儀の実施、公文書等の名義変更等諸手続、故人が残した借金への対応、遺された家族の生計の建て直し、あるいは学校・職場への報告や各種手続きの完了、故人の所持品の片づけや移動等があります。これらの直後の諸手続きに関し、必要な情報に速やかにアクセスできないと感じた遺族は少なくありません。いくつかの手続きには、例えば相続手続きのように3か月以内に行う等の期限が設定されているものもあり注意を要します。自死の直後には、これらの諸情報がわかりやすくまとめて記された冊子等が提供されることが重要です。実例として、東京都港区では死亡届を出す窓口で、死後の様々な手続きについて記載されているリーフレットが遺族全員に配布されています。この方法ですと、自死遺族であるかどうかにかかわらず、該当情報を入手することができます。港区や板橋区ではウェブサイトにおいても自死遺族支援に関連する情報を公開しています。また、必要な情報が記された冊子等は、市町村の担当窓口で渡す以外にも、検視の際に警察から渡す方法等があります。

中長期的に必要となる情報として、複数の自死遺族が集まり、互いの経験を語り、聞きあうことを目的にした集まりやグループワークの場としての「わかち合いの会」や「遺族のつどいの場」があります。「わかち合いの会」や「遺族のつどいの場」の必要性や効果については、中長期的な自死遺族支援として自殺総合対策大綱でも重要な取り組みと位置づけられています。また、自死遺族に対する中長期的支援の一つに、法的問題に対する助言や相談の機会に関する情報提供が考えられます。法的支援を必要とする自死遺族に、市町村の行政担当者は、自死遺族支援に協力的な弁護士、司法書士等を紹介することを行います。自死遺族の中には、体調や偏見の問題等から、法的な手続きに踏み出せない場合も少なくありません。しかし、法的な手続きは自死遺族の生活を再建するための重要な意味を有します。そのため、市町村・行政担当者は自死遺族に対して、法的な解決は法的な権利として認められていることを説明し、法的支援のための情報を伝えることが大切です。

Q02 自死遺族等が直面する法的な問題とその支援策について教えてください。

A　自殺対策基本法では、その目的規定において、自殺対策の総合的推進により、自殺の防止を図ることとともに、自殺者の親族等の支援の充実を図ることが掲げられています。自殺者の遺族等は、自殺直後には混乱した状態にあることが多く、このような時期に、葬儀の実施、公文書等の名義変更等の諸手続、故人が残した借金への対応、学校・職場等への報告等の多くの手続きをする必要があり、心身の疲労に加えてさらなる心理的負担をもたらす可能性があります。大綱では「遺族等が総合的な支援ニーズを持つ可能性があることを踏まえ、必要に応じて役立つ情報を迅速に得ることができるよう、一般的な心身への影響と留意点、諸手続に関する情報、自助グループ等の活動情報、民間団体及び地方公共団体の相談窓口その他必要な情報を掲載したパンフレットの作成と、遺族等と接する機会の多い関係機関等での配布を徹底するなど、自殺者や遺族のプライバシーに配慮しつつ、遺族等が必要とする支援策等に係る情報提供を推進する」と述べられています。また、法的な問題としては心理的瑕疵物件について言及し、「いわゆる心理的瑕疵物件をめぐる空室損害の請求等、遺族等が直面し得る問題について、法的問題も含め検討する」とあります。法的な問題としては、①心理的瑕疵物件のほかに、②相続に関する判断や熟慮期間の伸長、③過労自殺による労災申請請求や損害賠償、④生命保険の自殺免責条項等、生命保険の受け取りに関する問題、⑤多重債務問題、⑥鉄道事故に関する損害賠償問題、⑦学校でのいじめ問題、⑧自死者の実名の公表などのインターネット問題、などが挙げられます。

法的支援を必要とする自死遺族に、市町村・行政担当者は、自死遺族支援に協力的な弁護士、司法書士等を紹介することも行います。自死遺族が直面する問題と相談先には以下のようなものが考えられます。

⑴　自死遺族に関する法律問題全般の相談先

弁護士会（日弁連、各地の弁護士会）、司法書士会（多重債務相談）、日本司法支援センター（法テラス）、自死遺族支援弁護団、都道府県の消費生活センター、市町村の消費生活相談窓口、福祉事務所（生活保護）、社会福祉協議会（生活福祉資金貸付制度等）、全国自死遺族相談支援センター（賃貸物件他）

⑵　労災関係（過労自殺が考えられるとき等）

労働基準監督署（労働総合相談）、自死遺族支援弁護団、過労死弁護団、産業保健推進センター、地域産業保健推進センター、労災病院、カウンセリング機関

以下、「自死で遺された人に対する総合的支援のための手引」（自殺総合対策推進センター（平成30年））に基づいて、個別の法的問題について簡単に解説を加えます。

①　賃貸物件で自死が生じた場合の問題（心理的瑕疵物件の問題）

賃貸物件等で自死が生じた場合、法定相続人である遺族や、保証人となっていた遺族に対し、賃貸人から損害賠償請求が行われる場合があります。しかし、遺族の法的地位によっては相続放棄が可能な場合もありますし、請求額を減額することができる場合もあります。そこで、賃貸人からの請求が来た場合、直ぐにお金を支払わず、必ず、賃貸人から請求の中身と根拠資料を書面で提出させるようにしてください。

②　相続に関する判断や熟慮期間の伸長

自死した被相続人の法律関係を引き継ぐことを相続といいますが、遺族は相続に関して限定承認、相続放棄についいては、熟慮期間という期間制限が設けられています。原則として自殺の事実及び自己

が相続人であることを知ったときから3か月以内に相続放棄、限定承認の手続きを行わなければ、単純承認したと見なされることになります。熟慮期間内にプラスの財産とマイナスの財産の評価に迷った場合などは、熟慮期間中に家庭裁判所に対して熟慮期間の伸長を申し立てることができます。熟慮期間の申立ては、亡くなった家族の住所地を管轄する家庭裁判所に対して行います。

③ **過労自殺による労災申請請求や損害賠償**

業務に関連した心理的負荷によって家族が自死した場合、国に対する労災の請求と企業などに対する損害賠償の請求という2つの法的手続が存在します。これらの二つの手続はそれぞれ完全に独立した手続きですから、どちらかを先に請求することも、両方同時に請求することも可能です。一般的には、労災の請求を先行させ、労災が認められてから損害賠償請求を行うことが多いようです。

④ **生命保険の自殺免責条項等、生命保険の受け取りに関する問題**

生命保険約款には、責任開始の日から3年以内の自死については保険給付を行う責任を負わないとする自殺免責特約が定められていることが一般的です。自殺免責特約期間中の自死であっても、精神障害が原因で自由な意思決定能力を喪失するか、著しく減退していたと評価できるのであれば、自殺免責特約は適用されず、保険金の支払いが認められると解されています。

⑤ **多重債務問題**

消費者金融からの借入など自死したご本人に多額の債務がある場合で、プラスの財産が存在しない場合は、相続放棄を行うことが考えられます。しかし、預金が存在したり、過労自死によって会社に対して損害賠償請求権を有する可能性があるなどプラスの財産が存在したりする場合は、熟慮期間の伸長の手続を行うなど、慎重に対応することが求められます。

⑥ **鉄道事故に関する損害賠償問題**

鉄道で自死が生じた場合、遺族に対して数千万円もの多額の損害賠償請求がなされると言われることがあります。しかし、そもそも、警察や消防は、プライバシーの観点から、鉄道会社に対し、亡くなったご本人の情報を与えることはありません。ですので、遺族が鉄道会社に対して申し出ないのに請求を受けることは、原則としてありません。また、仮に損害賠償請求を受けた場合であっても、その内訳としては、①振替輸送費や特急料金の払い戻し、②車両等の修理費、③人件費、が考えられます。

⑦　学校でのいじめ問題

加害児童・生徒自身に責任能力（12歳前後）が認められない場合には、子の監督義務を怠った親の法的責任を追及できます。また、加害児童・生徒自身に責任能力が認められる場合には、加害児童・生徒自身の法的責任に加えて、保護者の法的責任も追及できます。もっとも、加害生徒の保護者が、いじめを受けた子どもが自殺することまで予見できたといえる場合は極めて少ないため、自死に対する法的責任を負うことは例外的な場合であると考えられます。

また、日本スポーツ振興センターの災害給付制度は、「学校」の管理下における児童生徒の災害（負傷・疾病・障がい又は死亡）について、児童生徒の保護者に対し災害給付（医療費・障がい見舞金又は死亡見舞金の給付）を行うというものです。さらに、学校の管理下で児童生徒が自死した場合、死亡見舞金が支払われます。

⑧　自死者の実名の公表などのインターネット問題

遺族の意思とは無関係に、マスコミが亡くなったご本人の実名を報道したり、自死に関する情報が「事故物件サイト」に掲載されたりする場合があります。そのような場合、プライバシーに関する情報が、インターネット上に拡散する危険性が生じます。このような場合、サイト・ブログの管理者や、検索エンジンを運営する会社に対し、削除請求を行うことが考えられますが、削除請求に応じない場合は、削除を求める仮処分等の法的な手段が必要となる場合もあります。

Q 03 自死遺族の自助グループ支援や「わかち合いの会」等の運営をどのように行ったら良いのでしょうか？

A　自殺対策基本法では、「国および地方公共団体は、民間の団体が行う自殺の防止、自殺者の親族等の支援等に関する活動を支援するため、助言、財政上の措置その他の必要な施策を講ずるものとする」と規定されています。自殺総合対策大綱では、「自殺により遺された人等に対する迅速な支援を行うとともに、全国どこでも、関連施策を含めた必要な支援情報を得ることができるよう情報提供を推進するなど、支援を充実する。また、遺族の自助グループ等の地域における活動を支援する」とされ、「地域における遺族の自助グループ等の運営、相談機関の遺族等への周知を支援するとともに、精神保健福祉センターや保健所の保健師等による遺族等への相談体制を充実する」ことが掲げられています（9．遺された人への支援を充実する　(1)遺族の自助グループ等の運営支援）。

複数の自死遺族が集まり、互いの経験を語り、聞きあうことを目的にした集まりやグループワークの場を、「わかち合いの会」や「遺族のつどい（の場）」と呼んでいます。全国レベルの民間団体もあり、遺族当事者本人らが参加する自助グループが中心となっている一般社団法人全国自死遺族連絡会や、遺族当事者と様々な分野の支援者が共に運営にあたっている特定非営利活動法人全国自死遺族総合支援センター、特定非営利活動法人自死遺族支援ネットワークRe等があります。

全国自死遺族総合支援センターが2015（平成27）年1月に47都道府県を対象に実施した自死遺族支援現況調査によれば、「わかち合いの会」や「遺族のつどい」は、全47都道府県137か所（地方公共団体主催58、民間団体または個人主催79）で継続的に開催されています。「わかち合いの会」や「遺族のつどい」等の活動内容や開催方法は主催団体によって異なります。また、専門家の参加の有無や参加できる者の範囲や、会を進行する上でのルール等も団体によって異なります。当事者だけで運営されている団体もあれば、専門家やボランティアが参加できるグループ、あるいは地方公共団体が開催を支援しているものもあります。地方公共団体によっては、民間団体との連携によって、「わかち合いの会」や「自死遺族のつどい」の継続的に開催しています。

また、単独での「わかち合いの会」や「自死遺族のつどいの場」の継続的開催が困難な自治体では、近隣の２つ以上の市町村が協力して共同開催しているところもあります。

市町村レベルの連携事例として、東京都日野市と多摩市の2つの市が共同で、1つのわかち合いの会のプログラムを継続的に開催している事例があります。日野市は奇数月、多摩市は偶数月に共通の会場で開催し、会場確保・広報・問い合わせ対応を両市が、当日の運営は民間団体が担当しています。連携し開催することより、(1) 対象地域が広がり、参加しやすくなること、すなわち一定数の参加者が確保され、より効率的な開催ができること、(2) それぞれの市は隔月開催でありながら毎月開催と同等の効果が得られること、(3) 活動期間の長い民間団体との協働によって、継続性のある内容とすることが可能となる、といった参加者にとっても運営側にとってもメリットとなる点があります。

したがって、自死遺族支援については行政、地方公共団体と民間団体の連携および役割分担が重要であると考えられます。

「わかち合いの会」や「遺族のつどい」は、参加者が安心してありのままの思いを表現することができ、それが受けとめられる会であることが求められます。同じような体験を経た当事者同士の集まりでは、このことが最も充足されやすいと考えられています。当事者以外の立場の人が関わる場合も、参加者が心から安心できる場であることが重要です。また、グループを望まない参加者の場合には、個人面談や電話相談などの方法も検討する必要があります。いずれの場合も、開催（実施）に関する情報をわかりやすく示すことは参加者にとって安心して参加するための大切な要素であり、参加できる者の範囲や会の進行のルール、専門家や当事者以外のスタッフの有無、運営主体とその基本方針等について事前に明確にしておく必要があります。

自助グループは自死遺族の当事者同士が集まり、体験や願いを語り合うことで「相互扶助」を目的とする活動です。そのため参加者を原則当事者（自死遺族のうち親族等）だけに限り、支援者や専門家は参加できない会もあります。ただし「わかち合い」以外の時間、例えばクールダウンの時間やわかち合い後の懇親会などは参加が認められる場合があります。

わかち合いの会の進行役は、他者の発言に対する解釈や批判、助言や指導といったことは行わないように配慮します。支援グループ（民間ボランティア、弁護士会等専門家の組織、民間団体、保健所等の公的専門機関、市町村によるもの等）が「わかち合いの会」等を立ち上げるにあたっては、まずファシリテータの養成から着手し、質の高いファシリテータを確保することが重要となります。

国の支援として、内閣府は2008（平成20）年度に、自死遺族支援について豊富な経験を有している民間団体との連携により、自死遺族のためのわかち合いの会の運営についての研修や、講習会・意見交流会などを実施し、民間団体などの活動が自主的に運営されるよう支援しています。また、2009（平成21）年度には、「自死遺族支援研修会等事業」を実施し、自死遺族のためのわかち合いの会の運営についての研修に加え、講習会、自死遺児支援の為の集いを実施しています。さらに、地域自殺対策強化交付金を通じ、自死遺族のためのわかち合いの会の運営等の支援を実施しています。

04 自死遺児の置かれる立場を理解し支援するためにはどのようなことが必要でしょうか。

自死遺児とは自死によって近親者を失った未成年者を指し、成長の過程の中で家族等の自殺関連行動を身近に経験した子どもたちを意味します。

自殺総合対策大綱では、「地域における遺児等の自助グループ等の運営、相談機関の遺児等やその保護者への周知を支援するとともに、児童生徒と日頃から接する機会の多い学校の教職員を中心に、児童相談所、精神保健福祉センターや保健所の保健師等による遺児等に関する相談体制を充実する」及び「遺児等に対するケアも含め教育相談を担当する教職員の資質向上のための研修等を実施する」と掲げられています（9. 遺された人への支援を充実する (5)遺児等への支援）。

自死遺児が児童生徒である場合、支援は保護者の合意を得て、保護者と相談の上で行います。また自死遺児からの相談を受ける可能性の高い教職員が適切な知識や対応方法を理解していることも必要になります。このため教育委員会等が協力して教職員に対する研修の機会を提供することが考えられます。学校現場においては、児童生徒、その保護者に対して、臨床心理に関する専門知識を生かしながらカウンセリング等の支援を行うスクールカウンセラーが配置されています。また、児童相談所においても、自死遺児に対する支援が行われています。しかしながら、自死遺児向けのサービスを実施している児童相談所は一部に限られており、その理由としては人材不足が最も多いという報告があります。自死遺児の支援のために、児童相談所における人材確保や専門家養成を推進していくことが必要です。

児童期・思春期に家族の自殺を経験することは、精神的・身体的に大きな負担を抱える出来事です。また、児童期・思春期の子どもたちの死別という喪失体験に対する反応は、成人の反応とは異なっていることが知られています。そのため、子どもの年齢や亡くなった人物との関係性によってみられる特有の反応を理解しておくことが重要です。子どもにとって、親や近親者を亡くすことの衝撃は大きく、自身の感情を他人に伝えるのが困難なことが多いため、喪失に対処し適応できるように支援していく必要があります。

心のうちや悩みを話すことのできる身近な友人、心を許せる大人や知り合いが身近にいることが大切になります。また、思春期の子どもは専門家等の支援に抵抗を示すことがあることも配慮しなければなりません。

グリーフケアなどの心のケアの取り組みは、NPO法人や民間団体によって行われています。NPO法人全国自死遺族総合支援センター〈グリーフサポートリンク〉は、平成25年1月から聖路加国際病院小児総合医療センターにおいて、東京都との共催による「身近な人を亡くした子どもとその家族のつどい」を毎月実施しています。6歳から18歳までの身近な人を亡くした子ども（病気・事故・災害・自死など、亡くなられた原因は問いません）とその保護者が集まり、専門職を含む訓練を受けたスタッフがかかわり、小学生は遊びを中心としたプログラム、中学生以上と保護者は語り合いを中心としたプログラムを行います。同じような体験をした仲間と交わり、わかち合って、子どもとその家族が自己肯定感・自己コントロール感を育み、良好な家族関係を再構築することを目的とした取り組みです。

あしなが育英会では、同じ境遇（病気、事故、災害、自死遺児）の同年代のあしなが奨学生による「わかち合い」を目的に、「高校奨学生のつどい」及び「大学・専門各種学校奨学生のつどい」を毎年夏休みに開催しています。「高校奨学生のつどい」は奨学金を受けている高校生を対象に全国8会場で行われており、大学や専門学校に通う奨学生の先輩や世界各国の学生たちも参加し、10人程度のグループで野外活動やグループワーク、海外の文化紹介、将来を考える時間等のプログラムを行っています。また、継続的な心のケアを行う施設「あしながレインボーハウス」では、小中学生遺児の心のケアを目的とした「全国小中学生遺児のつどい」を全国各地で開催しています。

自死遺児は、生計の中心であった親を亡くすことで、教育の継続や進学が困難な状況になることがあります。したがって、生活上の困難を抱える自死遺児に関しては、学費や生活費の援助を優先し、日々の生活を安定させる「生きるための支援」が重要となる場合もあります。自死遺児に対する経済的支援等を行っている団体、組織には、無利子の奨学金を貸与する「日本学生支援機構」や「あしなが育英会」があります。返済の必要のない「給付型」の奨学金は、通っている高校や大学、住んでいる都道府県や市区町村からもらえる場合がありますが、それら以外に、給付型奨学金を支給する団体（民間育英会、民間育成団体、企業の財団法人等）も多数あります。自死遺児への支援においては、これらの経済的支援に関する情報を自死遺児や保護者に提供し速やかに申請するための支援や、就学援助等の相談窓口や機関に速やかにつなぐ支援を学校関係者等が行うことができるようにすることが重要となります。

第7章

若者の自殺対策

01

SNS上のコミュニケーションの特徴を教えてください。

A　総務省の「平成28年情報通信メディアの利用時間と情報行動に関する調査報告書」によると、十代及び二十代の若者の平日のコミュニケーション系ツールの一日あたり平均利用時間は、携帯電話及び固定電話の利用時間が5分以内であるのに対して、SNSの利用時間は60分程度であり、若者はSNSによるコミュニケーションに依存している実態が明らかになっています。様々な悩みを抱えた若者が自分の悩みの相談を、既存の電話相談や公的な相談窓口よりはSNSを介した相談窓口にアクセスしやすいのではないかということが指摘されています。また、内閣府の「平成29年版子供・若者白書」において、15歳から29歳までの男女6,000人を対象とした調査でも、6割以上の若者が「インターネット空間」を自分の居場所として感じているという結果が公表されており、若者のコミュニケーションツールとしてSNSやインターネットが重要な位置を占めていることがわかります。それでは、SNS上で行われる若者のコミュニケーションにはどのような特徴があるのでしょうか。

若者に身近なツールとなったSNSですが、とりわけ人とのコミュニケーションをとるのが苦手で地域の相談窓口につながりにくい若者などがSNS相談につながりやすいというメリットがあります。SNSは自分の存在を匿名化できる相談しやすいツールであることから電話や面談より本音を話しやすいという利点もあります。一方で、文字情報でのやり取りとなりテキストとして打ち込んだやり取りが相談履歴として残るため、相談員が変わっても同じことを聞かないで済むという利点はありますが、一方では相談の回答内容を相談者が繰り返しに読むことができるため、不用意なやり取りをした場合に相手への影響が永続するリスクがあります。また、漠然としたやり取りに終始したり、相談者と被相談者の間で認識にずれが生じるというリスクもあります。

SNS相談はあくまでも相談の入り口であり、相談者の抱える課題解決のためには、相談だけに留まるのではなく、警察や支援団体の全国的なネットワーク、弁護士・精神科医等の専門家との連携を強化することが重要になります。このような連携を強化することで、SNSが相談を受けるだけでなく、現実空間において生きることの包括的な支援につながることになります。

平成29年10月に発生したいわゆる「座間市における事件」では、インターネットを通じて自殺願望を発信する若者のSOSに対してどのように社会として対応すべきかが問題となりました。「死にたい」、「消えたい」と訴える若者の言葉は実は「生きたい」という叫びが隠されているということが、有識者や若者の相談現場の関係者から指摘されています。現実空間の相談窓口等にSOSを発信せずにインターネット空間にSOSを発する若者の「生きたい」という叫びを大人の社会が受け止められるようにすることが求められているのです。SNSなどで「＃死にたい」とつぶやく若者の居場所が現実社会の中になかなか見つけられないことが課題にひとつと考えられます。地域等の現実空間に居場所がない若者がSNS上にSOSを発信し、そのSOSを適切に受け止める仕組みがなかったことが座間市で起きた９人殺人事件の背景となったと考えられます。

ところで、SNS相談を行う先進的な自治体が少しずつ広がり始めていますが、若者をターゲットにしたこのような新しい相談の仕組みを拡げていくことは望ましいことです。「学校に相談したことが漏れるのではないか」といった不安から相談をためらう子供がいることなど、プライバシーの保護に関する相談員のモラルの徹底などを含めて相談のハードルを下げる努力が今後は求められます。

以上を要約すると、SNS相談はあくまでも入り口であり、求められることはリスクの高い相談者の緊急保護や居場所の提供、悩みを抱えた若者が地域における安心できる居場所づくりなどです。すなわち、入り口から出口にいたる「生きることの包括的支援」としての対策が若者のSNS相談体制の構築において求められているのです。

02 若者の特性に応じた支援を充実させるためにはどのようなことが考えられますか。

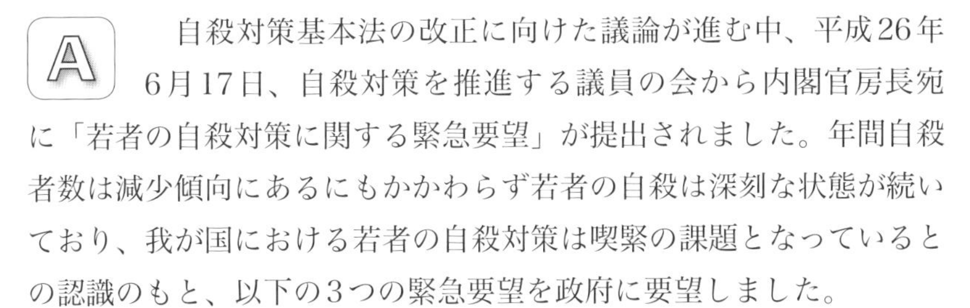

自殺対策基本法の改正に向けた議論が進む中、平成26年6月17日、自殺対策を推進する議員の会から内閣官房長宛に「若者の自殺対策に関する緊急要望」が提出されました。年間自殺者数は減少傾向にあるにもかかわらず若者の自殺は深刻な状態が続いており、我が国における若者の自殺対策は喫緊の課題となっているとの認識のもと、以下の3つの緊急要望を政府に要望しました。

⑴ すべての子どもに「生活上の困難・ストレスに直面したときの対処方法」を教える

⑵ 生きづらさを抱えた若者を包括的に支援する「受皿（居場所等）・体制」を整える

⑶ 相談や支援につながりにくい若者への「アウトリーチ策」を抜本的に強化する

改正された自殺対策基本法（平成28年）及び自殺総合対策大綱（平成29年）において、上記の要望は、若者に自殺対策として具体的な施策として盛り込まれることになりました。⑴の要望については「SOSの出し方に関する教育」、⑵の要望については、若者サポートステーションや居場所づくりの充実の推進という施策、⑶の要望については、ICTを活用した若者へのアウトリーチ策の強化などにつながりました。

ところで若者の特性として、「若者は自発的には相談や支援につながりにくい傾向がある一方で、インターネットやSNS上で自殺をほのめかしたり、自殺の手段等を検索したりする傾向がある」、「若者は、支援機関の相談窓口ではなく、個人的なつながりで、友人等の身近な者に相談する傾向がある」といった点が指摘されています。そのため、従来からある相談窓口や電話相談、自宅への訪問や街頭での声がけ活動だけではなく、ICTも活用した若者へのアウトリーチ策を強化することが必要です。また、若者ということで学校の場や職場における支援策を考えがちになりますが、自殺のリスクが高いとされる高校中途退学者及び進路未決定卒業者については、中途退学、卒業後の状況等に関する実態の把握及び共有に努めるとともに、ハローワーク、地域若者サポートステーション、学校等の関係機関が連携協力し、効果的かつきめ細やかな支援を地域の場で行うことが必要です。

若者の抱えやすい課題に着目した学生・生徒等への支援を充実させるためには、教育機関内にとどまらず、地域における児童福祉との連携が求められます。若者の抱える課題としては、いじめや周囲との人間関係、デートDV、進学や就職といった進路、家庭内での悩みや性的自認との葛藤など、学生や生徒の年代である若者が抱えうる悩みには、多様かつ児童生徒特有の課題があることを理解する必要があります。その上で、例えば、教育関係者が行っている不登校事例研究会等の取組を民生委員や地域住民にも説明する機会を設けて情報共有を図るといった取組が挙げられます（鳥取県境港市、地域自殺対策政策パッケージ参照）。

ICTを活用した若者へのアウトリーチの強化としては、長野県や鹿児島県が設置したLINE（ライン）を活用した相談支援窓口があります。これはインターネットやSNSの普及により、若者が対面による相談支援よりICTによる相談窓口の方がアクセスしやすいだろうという事情を踏まえた対策です。民間団体の取組として特筆される事例は、平成25年からNPO法人OVAが始めた検索連動型広告を利用しインターネットゲートキーパー活動です。オンライン相談では、相談者がより現実的な手段で支援者とつながることができるように、信頼して話ができる関係性を築き、周囲への援助希求行動を動機づけていく関わりが重要ですが、現時点ではオンライン相談の有効性を評価は十分ではなく、今後の検証課題となっています。しかし、このような若者の特性に応じた斬新な対応策を引き続き進めていくことが若者の支援策の充実につながるものと期待されます。

若者自身が身近な相談者になるための取組として、悩みを抱えた若者が支援機関の相談窓口ばかりではなく、友人など身近な者も相談しやすい環境を整えることが求められます。大学生が精神疾患等に対する理解を深められるように大学生と精神障害者の交流の場を設ける取組や、若者が他者の心身の不調に気づき適切な対応がとれるようにするセミナー開催を自治体が行っている好事例が報告されています。また、民間団体の取組としては、NPO法人Light Ringが行っている若者支え手支援事業を紹介したいと思います。聴くトモプログラムはLight Ringが世田谷区の「思春期青年期こころの健康相談事業」として行っている取組で、「聴くトモ養成講座」を受け試験に合格した「聴くトモ」が、若者の身近な相談者として普段話せない若者の悩みを丁寧に聴くプログラムです。Light Ringではその他に、身近な人を支える力を磨く20代のための講座として、ソーシャルサポート力養成講座も開設しています。この講座では「相談を受ける技術」を実践的に学び身につけることができます。

若者の特性に応じた支援策の充実に向けてさまざまな取組が始まったところですが、対策のメニューの拡大や有効性の評価を含め、乗り越えるべき課題が多いのも事実です。官民学の役割を明確化した上で連携・協働を推進し、本項で紹介したような地域レベルの実践的な取組への支援を強化していくことが重要になります。

Q 03 若者向けの居場所づくりとは何ですか。

A 子ども・若者がいきいきと成長し、自己を実現できる環境が、生きるための包括的支援としての自殺対策においては重要です。若者が悩みやストレス、生きづらさを抱えた時に、孤独・孤立に陥ることなく、社会につながり、誰かに話したりすることによって悩みや生きづらさを解消していくことができる支援として居場所づくりが効果的です。

自殺総合対策大綱では、「生きづらさを抱えた人や自己肯定感が低い若者、配偶者と離別・死別した高齢者や退職して役割を喪失した中高年男性等、孤立のリスクを抱えるおそれのある人が、孤立する前に、地域とつながり、支援とつながることができるよう、孤立を防ぐための居場所づくり等を推進する」及び「相談者が抱える問題を具体的に解決して「生きることの阻害要因（自殺のリスク要因）」を減らす個別的な支援と、相談者の自己肯定感を高めて「生きることの促進要因（自殺の保護要因）」を増やす居場所活動を通じた支援とを連動させた包括的な生きる支援を推進する」と掲げられています（7. 社会全体の自殺リスクを低下させる ⒆自殺対策に資する居場所づくりの推進）。

子ども・若者が、生きづらさを抱える要因は様々です。ドメスティック・バイオレンス（DV）や児童虐待、貧困などの家庭における問題がある場合、安心して過ごすことのできる場がなく、また、自らが家庭の外に助けを求めることも困難なことが多いために、孤立・孤独に陥りやすくなります。また、そのような子ども・若者は、非行や暴力行為などの反社会的な問題行動に向かうこともあります。そうした若者を様々な専門機関や支援策につなげられる地域のしくみとして、子ども・若者のための居場所活動は大変有効であると考えられます。困難を有する子ども・若者の居場所づくりとして、厚生労働省では、施設等を対処したが、社会的自立が十分ではない児童等に対し、日常生活上の援助及び就業等の支援を行う「自立援助ホーム」（児童自立生活援助事業）の充実に努めています。警察では、少年が非行を繰り返さないために、少年本人に対する助言、指導等の補導を継続的に実施しているほか、社会奉仕活動や社会参加活動等の居場所づくりを推進するなど、少年の規範意識の向上及び社会との絆の強化を図る観点から、問題を抱えた少年の立ち直り支援活動を積極的に推進しています。また、法務省も地域の子ども・若者育成支援に携わる機関や団体が幅広く連携し、地域が一体となって、多様な活動の機会や場所づくりを進めています。文部科学省では、子ども・若者の活動拠点として求められる機能など地域社会全体での立ち直り支援を支援する体制づくりを行う事業や、立ち直りのための活動を円滑に進めるための方策等新たな社会活動の場を開拓する取り組みを推進しています。

また、不登校、高校中退、ひきこもり、発達障害などの問題を抱える子ども・若者が、地域社会とコミュニケーションをとらずに孤独・孤立に陥ることが多くあります。これらの問題を抱える子ども・若者に学校関係者や家族が対応するのには限界があります。様々な生きづらさや悩みを抱えている子ども・若者を、行政や民生児童委員、民間の支援機関による相談などの支援につながることが重要です。また、孤独・孤立に陥るのを防ぐためにも、地域社会において安心して過ごすことができる居場所があることはとても大切なことです。また、同じような悩みを抱える子ども・若者と一緒に話したり、お互いに悩みを打ち明けたりすることや、地域の人達との間に信頼関係を築くことで、社会参加につながり、自己肯定感の改善も期待でき、社会的自立につながる可能性が期待できます。

具体的な若者の自殺対策の事例として、秋田県秋田市では、NPO法人「目的のある旅」に委託し、若者が自分の言いたいことを言えて、それが誰かに受け止められ、共有できる場を提供することを目的に、秋田市内の交流施設にて月1回「語り場」の開催を行っています。対象は職場や学校で自分のあり方や他者との関係等に悩んでいる人で、30歳代まで参加できます。「語り場」は臨床心理士がファシリテーターとなり、参加者の自由な意見交換が行われます。

また、和歌山県では、NPO法人「白浜レスキューネットワーク」が主体となり、自殺企図者の一時保護施設を設置し、和歌山県白浜町の三段壁にて保護した自殺企図者と、他の一時避難者とが一緒に共同生活をする取り組みを行っています。

高知県では、若年層が同世代の友人関係の中で、様々な悩みを打ち明けたり、自殺予防の支援について関心を持つなどすることができる環境・関係づくりを目指した取り組みを行っています。若年者をメンバーとする検討会を立ち上げ、若者に対しての適切な普及啓発事業の企画・制作を行い、テレビCMやチラシ、ポスター等を活用して街頭キャンペーンを行い、イベントの告知にもマスコミ、ホームページ、SNS等を活用しています。

子ども・若者の居場所づくりのガイドラインや事例集は、神奈川県の「子ども・青少年の居場所づくり推進事業」として、子どもの育ちや若者の自立を地域で支えていくために、子ども・若者の「生きる力」を育む様々な居場所づくり支援と普及推進の取り組みに取り組んでいる社会福祉法人神奈川県社会福祉協議会による『子ども・若者の居場所づくり〜導入編〜』(平成29年3月発行)、『子ども・若者の居場所づくり〜対話編〜』(平成30年3月発行)、『子ども・若者の居場所づくり事例集』(平成29年11月発行) が参考になります。神奈川県及び神奈川県社会福祉協議会のウェブサイトで入手することができます。

第8章

福祉の場における自殺対策

Q01 地域包括ケアシステムと自殺対策との連動について教えてください。

A 「地域包括ケアシステム」とは、高齢者が要介護になっても、住み慣れた自宅や地域で暮らし続けられるように、「医療」「介護」「予防」「住まい」「生活支援」のサービスを、包括的に受けられる支援体制のことです。つまり、高齢者の尊厳の保持と自立生活の支援の目的のもとで、可能な限り住み慣れた地域で生活を継続することができるような包括的な支援・サービス提供体制の構築を目指すものです。

地域包括ケアシステムは、市区町村が主体（自治体ベース）の取り組みであり、各自治体は3年ごとの介護保険事業計画の策定・実施を行い、2025年までに地域の自主性や主体性に基づき、地域の特性に応じた地域包括ケアシステムを確立することになっています。2025年には、団塊の世代の人たちが全て後期高齢者となり、介護を必要とする人の急増が想定されており、認知症高齢者だけでも470万人と予測されています。世界でも最も高齢化の進行している日本において、高齢者が尊厳を持ち、地域においていきいきと質の高い生活を送るために、「医療・看護」「介護・リハビリテーション」「保健・予防」という専門的サービスと、その前提としての「住まい」「生活支援」といった高齢者福祉サービスの効率の良い提供といった包括的なケアシステムの整備が急務となっているのです。

地域包括ケアシステムの中心的な役割を担うのは地域包括支援センターです。地域包括支援センターは、地域の高齢者の総合相談、権利擁護や地域の支援体制づくり、介護予防の必要な援助などを行い、高齢者の保健医療の向上及び福祉の増進を包括的に支援することを目的とし、地域包括ケア実現に向けた中核的な機関として市町村が設置しています。

地域包括支援センターは、高齢者が住み慣れた地域で暮らし続けられるように、包括的な支援を提供するため、「医療」「介護」「予防」「住まい」「生活支援」サービスの連携を担っています。

疾患を抱えたり、介護が必要になっても、自宅等の住み慣れた生活の場で療養し、自分らしい生活を続けられるためには、地域における医療・介護の関係機関が連携して、包括的かつ継続的な在宅医療・介護の提供を行うことが必要です。地域包括システムでは、個々人の抱える課題にあわせて「介護・リハビリテーション」「医療・看護」「保健・予防」が専門職によって提供されます（有機的に連携し、一体的に提供）。厚生労働省は、関係機関が連携し、多職種協働により在宅医療・介護を一体的に提供できる体制を構築するための取組を推進しています。

また、心身の能力の低下、経済的理由、家族関係の変化などでも尊厳ある生活が継続できるよう生活支援を行います。生活支援には、食事の準備など、サービス化できる支援から、近隣住民の声かけや見守りなどのインフォーマルな支援まで幅広く、担い手も多様です。今後、認知症高齢者や単身高齢世帯等の増加に伴い、医療や介護サービス以外にも、在宅生活を継続するための日常的な生活支援（配食・見守り等）を必要とする方の増加が見込まれます。

そのためには、行政サービスのみならず、NPO、ボランティア、民間企業等の多様な事業主体による重層的な支援体制を構築することが求められますが、同時に、高齢者の社会参加をより一層推進することを通じて、元気な高齢者が生活支援の担い手として活躍するなど、高齢者が社会的役割をもつことで、生きがいや介護予防にもつなげる取組が重要です。

地域包括ケアシステムと自殺対策との連携ですが、生活習慣病や加齢による老化などが原因で介護が必要になった場合、身体面だけではなく心理的にも大きな影響が及びます。しかしながら、介護が必要な状態になっても、施設に入所するのではなく、高齢者が住み慣れた地域で暮らしながら、適切な医療や介護が受けられることは、生活の質を向上させ、身体的にも心理的にも良い効果をもたらすと考えられます。また、健康の保持増進や、介護が必要な状態に陥るのを予防するための介護予防や、社会参加･生きがいづくり活動を積極的に推進し、高齢者のメンタルヘルスの保持増進し、尊厳のあるいきいきと質の高い生活を送ることは、高齢者の自殺対策において最も重要なことといえます。

近年、「我が事・丸ごと」の地域づくり・包括的な支援体制を整備することで、地域共生社会の実現に向けた取組を一層推進することが進められております。これは、何らかの複合的な課題を抱え、支援を必要とする住民（世帯）を、地域住民や福祉関係者が早期に把握し、関係機関との連携等によって解決をしていこうという理念に基づいたものです。つまり、地域包括ケアの理念の普遍化を目的とするものであり、高齢者だけではなく生活上の困難を抱える方への包括的な支援体制の構築を目指すものです。

今後、このような「地域共生社会」の実現と自殺対策は連動して行われていくことが求められます。先進的な事例としては、東京都世田谷区の地域包括ケアシステムの取り組みがあります。世田谷区では、「誰もが住み慣れた地域で安心して暮らし続けられる地域社会の実現」を目指し、公的サービスの充実とともに、支え合い活動などの区民や地域の活動団体と協働した多様な取り組みが進められてきましたが、平成26年3月に策定された世田谷区地域保健医療福祉総合計画では、地域包括ケアシステムの対象は高齢者だけではなく、障害者、子育て家庭、生きづらさを抱えた若者、生活困窮者など広く捉えて推進することにしています。今後も、このような「地域共生社会」の実現を目指した取り組みが全国的に推進されることになります。

Q 02 よりそいホットラインは他の電話相談とどう異なるのでしょうか。

A よりそいホットラインは、東日本大震災をきっかけに被災経験のある首長経験者の呼びかけで設立した一般社団法人社会的包摂サポートセンターが、2011（平成23）年度より国の補助事業（厚生労働省及び復興庁）として運営する電話相談事業です。

2016（平成28）年度は、全国事業として9つの地域センターと37か所のコールセンター、被災地事業として3つの地域センター（それぞれがコールセンターの機能を有する）によって相談支援事業が運営されています。

これまでの電話相談と異なる特徴は、365日24時間あらゆることを相談対応していることです（無料・匿名可）。また、相談者と一緒に問題の解決を図り、実際に地域の社会資源につなぐ支援をしています。しくみとして、被災3県を除く全国ラインと、被災3県の相談支援を行う被災地ラインがあり、両ラインには生活全般のあらゆる相談を受ける一般ラインと専門性の高い相談に対応する専門ラインが設けられています。専門ラインには、死にたいほど辛い気持ち（自殺予防ライン）、DV・性被害者の相談（女性支援ライン）、性別や同性愛に関する悩み（セクシュアルマイノリティライン）、外国語による相談（外国語ライン）、被災者・被災避難者の悩み（広域避難者支援ライン）の5つが設けられています。被災地ラインには、広域避難者支援に代わり10代、20代の若年女性の悩みについての若年女性支援ラインがあります。専門ラインのうち、自殺予防、女性、被災地若年女性の各領域については、専門性と支援経験の高い団体に委託して実施されています。よりそいホットラインには、このような社会的マイノリティの専門回線が設置されているのも特徴といえます。

また、よりそいホットラインは、相談者の方々の悩みを傾聴するに留まらず、相談員がともに考え、制度に関する情報提供や面接相談、他機関への同行支援など、具体的な問題解決に向けた支援までを行っているのが大きな特徴です。相談内容に応じて、よりそいホットラインに協力・参画している、全国約370の協力団体、1,100の連携団体への紹介、つなぎ支援を行っています。

よりそいホットラインでは、相談員がフリーダイヤルの電話相談を傾聴し、継続的な支援が必要と考えた場合、コーディネーターにつなぎます。コーディネーターは相談者に折り返し電話をし、どのような支援が必要かをアセスメントした上で、対面相談を行います。対面相談が難しい場合は、定期的な電話相談でフォローアップし、対面相談への不安などが和らいだら地域の支援機関へつなぎます。

2016（平成28）年度の実績として、全国ラインの電話数は約1,062万件、うち約19万件が支援につながっています。また被災地ラインの電話数は約58万件、うち約6万件が支援につながっています。

また、よりそいホットラインでは、2015（平成27）年度より、一般ラインのすべての相談員が選考を経て相談員登録を行うシステムが取り入れられており、2016（平成28）年度はさらに、登録している相談員に対して「更新研修」を全国統一の方法と評価基準で実施しており、相談員の資質の向上や役割意識の確認などに努めています。

なお、自殺総合対策大綱では、「悩みを抱える人がいつでもどこでも相談でき、適切な支援を迅速に受けられるためのよりどころとして、24時間365日の無料電話相談（よりそいホットライン）を設置し、併せて地方公共団体による電話相談について全国共通ダイヤル（こころの健康相談統一ダイヤル）を設定し、引き続き当該相談電話を利用に供するとともに、自殺予防週間や自殺対策強化月間等の機会を捉え、広く周知を進めることにより、国民の約3人に2人以上が当該相談電話について聞いたことがあるようにすることを目指す」ことが示されています（7．社会全体の自殺リスクを低下させる　⑴地域における相談体制の充実と支援策、相談窓口情報等の分かりやすい発信）。

Q 03 生活困窮者に対する自殺対策はどのように取り組めばよいのでしょうか。

A 生活困窮者支援は自殺対策と密接に関連しており、平成29年には両施策の連動についての通知も出されています。生活困窮者の背景は様々です。代表的なところでは精神疾患、知的障害、発達障害、虐待、債務、ホームレス、外国人、性暴力被害者、セクシャル・マイノリティ、依存症、失業、仕事、介護、矯正施設出所者など、ひとくくりには出来ません。多くの分野に対して各種の支援制度が整備されているのですが、これらの問題が複合していると、解決が困難になって生活困窮状態に至ってしまうことがあります。そのような生活困窮者は各種の制度や支援から取りこぼされた状況にいます。生活困窮者の抱えている課題は、既存の法制度や専門性との様々なミスマッチを背景としていることが少なくありません。そして、社会的に排除されがちな状況の中、ミスマッチが極まれば、自殺に追い込まれてしまいます。誰も自殺に追い込まれることのない包括的な生きる支援としての自殺対策の本質が生活困窮者への支援にはあります。支援にあたっては表面的な問題、困りごとを入口に、背後にある人間関係や社会関係の問題に対しても整理、支援していくことが望まれます。

生活困窮者に対する自殺対策は、自殺対策に特化した特別な事業に取り組むのではありません。しかし生活困窮者対策の根拠法令である生活困窮者自立支援制度の成立は平成27年4月と、自殺対策基本法より遅く、生活困窮者への支援体制の構築がこれからの地域もあるかもしれません。両者が緊密に連携できるようにそれぞれの体制を構築していくことが理想的でしょう。

自殺対策の観点からは生活困窮者は自殺リスクの高い人たちであ

り、自殺対策と生活困窮者自立支援制度との連携を図ることが重要です。生活困窮者自立支援制度には、自立相談支援事業、就労準備支援事業、就労訓練事業、一時生活支援事業、住居確保給付金の支給、家計相談支援事業、生活困窮世帯の子どもの学習支援事業などがあります。例えば、自立相談支援事業では生活上の困りごとを抱えている人に対する寄り添い型支援を行いますが、このような支援はまさしく自殺リスクの高い人への支援と密接に関係しています。また、住居のない人に衣食住を提供するという一時生活支援事業は自殺対策で求められる居場所づくりとも関連していると考えられます。このように、生活困窮者自立支援制度の諸事業は自殺対策とは明示されてはいませんが、自殺総合対策として機能しうるものと考えられます。

以上のように、自殺対策関係者が生活困窮者の現状とその支援のあり方を理解し、様々な自殺対策の相談支援の窓口が生活困窮者支援のゲートキーパーになっていく事が必要です。

社会共生支援対策、生活困窮者支援対策、自殺対策は生きることの包括的な支援および生き心地のよい社会を下支えする大切な視点であり対策です。生きることの包括的な支援が上手くいった結果として生活困窮状態からの脱出や自殺者の減少、生き心地の良い社会に到達するのだろうと考えられます。

第9章

自殺総合対策に資する調査研究の推進

01 革新的自殺研究推進プログラムでは、どのような研究が行われていますか？

A　自殺対策を効果的かつ効率的に推進するためには、エビデンス（科学的根拠）に基づく政策の立案や、社会経済的状況の変化に対応した総合的な自殺対策のイノベーション（革新）が必要です。革新的自殺研究推進プログラムとは、新たな自殺総合対策大綱の「重点施策3．自殺総合対策の推進に資する調査研究等の推進」に基づき、厚生労働省と自殺総合対策推進センターが平成29年度に創設した民官学横断型の自殺対策に関する総合的な研究事業です。この事業では、自殺対策基本法ならびに自殺総合対策大綱に基づいて、自殺対策の推進に資するデータおよび科学的根拠を包括的に収集・分析し、さらに自殺には多様かつ複合的な原因および背景があることから、保健医療のみならず他の専門領域の研究者等と連携した学術基盤を学際的・国際的観点から構築し強化するとともに、国際動向を注視しながら日本の自殺総合対策をさらに推進するための調査研究等を実施しています。

また、自殺総合対策大綱が示した「社会における『生きることの阻害要因（自殺のリスク要因）』を減らし、『生きることの促進要因（自殺に対する保護要因）』を増やすことにより、社会全体の自殺リスクを低下させる」ことを目指し、誰も自殺に追い込まれることのない社会を実現するための諸施策に反映させる学術的・政策的エビデンスを収集するとともに政策提言することも目標としています。

本研究事業の着実な推進を図るために、有識者・学識経験者等の委員によって構成されるガバニングボードが基本方針の決定、研究テーマと研究費の配分、研究代表者の選定、研究の進捗把握や成果の評価等を行います。各研究課題の進捗管理等は、学識経験者として任命されたプログラム・ディレクターが行います。

革新的自殺研究推進プログラムでは、領域1「社会経済的な要因に着目した研究」、領域2「行政施策の企画立案及び効率的な推進のための研究」、領域3「公衆衛生学的アプローチによる研究」の3領域で、民間学の幅広い分野の研究者、実践家等を対象に研究課題の公募が行われ、12課題が採択されました。

政治経済学の観点からみたOECD諸国の自殺対策の国際比較、がん医療において必要に応じ専門的・精神心理的ケア、社会参加とソーシャル・キャピタル、自殺死亡の経済的損失の計量経済学的分析、大学や専修学校等と連携した自殺対策教育、自殺対策と連動した死因究明、公的ミクロデータの統合的探索的政策形成支援モデルの開発、国際的視野から見た労働条件・働き方と自殺問題に関する研究、社会格差が自殺や精神的健康に及ぼす影響に関する社会疫学的影響評価研究、子供の貧困と自殺対策、適切な精神保健医療福祉サービスの各施策の連動性向上を図る方策に関する研究、ICT活用、といった学際的かつ多分野多岐にわたる総合的な研究課題となっております。

各研究課題の成果は自殺総合対策推進センターが主催する国際自殺対策フォーラムや日本自殺総合対策学会にて報告されています。

02 経済問題の観点から自殺対策をどのように進めたら良いのでしょうか。

A 経済問題と自殺が密接な関係を有することはよく知られています。1998（平成10）年の自殺の急増では、バブル崩壊後の長期にわたる不況と不良債権処理問題に起因する金融機関の破綻が自殺の急増をもたらす背景要因となったことは多くの研究者が指摘しています。しかし、わが国において実証的研究にもとづき経済問題と自殺対策を検証した研究は決して多くありません。東京大学経済学部の澤田康幸教授は、経済問題と自殺対策の関係を実証的に進めておられる経済学者であり、革新的自殺対策研究においては、澤田教授の研究グループが経済的観点からの自殺対策の実証研究を担当しています。本項では、澤田教授の研究成果の一部を紹介することで、経済問題と自殺対策の二つの政策研究を紹介したいと思います。

第一の研究は、OECD26カ国の1980年から2002年における保険金支払免責期間の独自調査を行い、国別の国際比較可能なデータ（クロスカントリーデータ）を用いて自殺率と生命保険平均保険料との関係を分析し、両者の関連性を検討した研究です。研究方法としては、OECD26カ国の1980年から2002年における保険金支払免責期間の独自調査を行いました。データ分析の結果、両変数の間には正の相関関係があることが分かりました。また、生命保険の免責期間が短いほど一人当たりの生命保険契約額が増えることも示されました。これらの結果は、保険契約が自殺リスクの高い被保険者を増加させ（逆選択の問題）、保険契約後の自殺リスクを高める（モラルハザード）という仮説と整合性を有する結果となっています。また、この結果は、1999年以降、多くの生命保険会社が自殺による保険金支払いの免責期間を延長してきたという点とも軌を一にする結果となっています。

澤田教授は以上の結果をもとに、少し難しくなりますが、次のような自殺対策に関する考察をしています。

「自殺が元来信用市場に由来する市場の失敗にあり、そうした問題を補完するための生命保険契約から生じているとすれば、自殺対策の観点からこうした「特異な」契約を用いるのではなく、そもそもの資金市場の不完全性を是正するための他の政策を講ずることが求められる。従って、自殺免責期間延長の経済学的な問題は、生命保険の存在そのものが自殺を誘発しているという観点ではなく、自殺免責期間を延長することによって「自殺による保険金目的の加入」を未然に防ぐ効果、をもって評価すべきかもしれない。いずれにしてもこれらの分析結果は、市場の機能を補完してきた、現在の連帯保証人制度や保険契約のあり方を、今一度自殺対策という観点から再考する必要性を示していると言えよう。」

第二の研究は、近年自殺率が高まっている韓国において、鉄道駅のプラットホーム上に設置されるホームドアが自殺防止に役立つかどうかを実証的に検証した研究です。2003年から2012年までの韓国ソウルメトロのデータを用い、プラットホームから天井までを覆うドアは自殺を完全に防止すること、しかし背の高さまでのドアは自殺防止効果が弱いことが示されました。可動式ホーム柵は完全に自殺を防止するわけではないことが知られていることから、スクリーンドア（プラットホームから天井までを覆うドア）の場合には自殺をほぼ完全に防止することができるという結果は社会的にも意義が大きいと考えられます。鉄道自殺の防止は世界各国で大きな問題となっていることから、その予防に向けた具体的対策を推し進める上でも社会的意義が大きいものと考えられます。

革新的自殺研究プロジェクトでは澤田教授の研究グループが「政治経済学の観点からみたOECD諸国の自殺対策の国際比較」の研究課題を担当しています。欧米先進諸国との自殺率と比較して日本の自殺率が高い理由や自殺対策の違いが自殺率の高さに関連しているかといった課題についての検証が為されることを期待しています。

〔**参考文献**〕

厚生労働科学研究費補助金障害者対策総合研究事業（障害者政策総合研究事業（精神障害分野））「学際的・国際的アプローチによる自殺総合対策の新たな政策展開に関する研究」（研究代表者　本橋豊）、平成27年度総括・分担研究報告書、2016年.

03 自殺による社会経済的損失について教えてください。

A 自殺・うつによる社会経済的損失の推計については、2010（平成22）年9月に金子・佐藤によって分析がなされ公表されました。推計はその都市に自殺で亡くなった方が亡くなられずに働き続けた場合に得ることができる生涯所得の推計学とうつ病によってその都市に必要となる失業給付・意慮給付の減少額等を合計して計算されました。それによると、自殺やうつ病がなくなった場合の社会経済的便益の推計学は約2兆7千億円で、GDP引き上げ効果は約1兆7千億円ということでした。命の価値を値段で置き換えることはもちろんできませんが、自殺政策の推進に際して、対策を進めることによるこれだけの損失がなくなるということを理解していただく資料になります。実際に推計された損失額はやはり大きなものと考えるのが妥当だと思われます。そして、これだけの損失が推計されるのであるから、社会全体で自殺対策を進めるべきだという根拠のひとつになると考えられます。

その後、全国の社会経済的損失だけでなく、都道府県別に見た自殺の社会経済的損失額の推計も研究され、その結果が公表されました(2017年)。推計は次のように行われました。すなわち、2005年（自殺対策基本法が施行される前年）とデータが得られる直近年の2015年について、都道府県別・男女別の生涯賃金所得を「賃金構造基本調査」都道府県別・男女別・年齢階級別（産業計）を用いて推計し、これに都道府県別・男女別・年齢階級別の自殺者数をかけることによって、都道府県別・男女別にみた自殺による社会経済的損失額（自殺によって失われる生涯所得金額（1年間当たりの名目値））を推計しました。

結果についてですが、自殺対策基本法が施行された2005年の自殺による社会経済的損失額は5587億円でした。一方、2015年の自殺による社会経済的損失額は4594億円へと低下しました。10年間で4594億円の低下が認められたことになります。この減少は自殺者数が減少したことが原因と考えられますが、この減少が自殺総合対策の効果が現れたとするならば、その効果を損失額の減少という形で示せたことになります。

都道府県別の社会経済的損失額の結果を**図1**に棒グラフで示しました。

都道府県別にみた自殺の社会経済的損失額（1年間あたりの名目額）を比較すると、自殺死亡率は都市部よりも地方の方が大きい場合があるが、自殺者数は都市部の方が地方よりも多いため、自殺によって失われた所得（賞与を含む現金給与収入）は、都市部の方が（都市部の棒グラフの高さの方が）、地方（地方の棒グラフの高さ）よりも大きいことがわかります。自殺の社会経済的損失額が都市部の方が大きいのは、自殺死亡率は都市部よりも地方の方が大きい場合がありますが、都市部と地方の賃金の格差以上に都市部の人口ひいては自殺者数が大きいため、都市部の損失額が地方より大きいと考えられます。女性の社会経済的損失額は、自殺者数が女性の方が少ないことと女性の方が賃金が低いという賃金格差により、男性より小さいと考えられます。

自殺による社会経済的損失額の推計値を知ることで、日本の社会が経済的にも自殺により大きな影響を受けていることがわかります。ひとりひとりの命を金額に換算することはできませんが、私たちの社会が抱えている自殺の問題は社会にとっても大きな損失であることを理解し、「生きることの包括的な支援」としての自殺総合対策を進めていく必要性がより深く理解できるようになると思います。

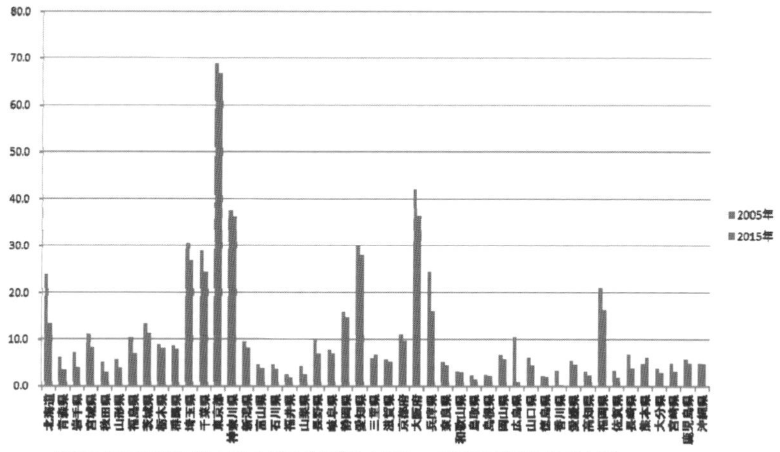

図1　都道府県別にみた男女計の自殺の社会経済的損失額の推計値（2005年と2015年の比較）

〔参考文献〕

厚生労働科学研究費補助金障害者対策総合研究事業（障害者政策総合研究事業（精神障害分野））「学際的・国際的アプローチによる自殺総合対策の新たな政策展開に関する研究」（研究代表者　本橋豊）、平成26～28年総合研究報告書、2017年.

04 地域の高齢者がボランティアとして社会参加を行うプログラムを活用した自殺対策の取組とはどのようなものですか。

A 高齢社会の進展とともに元気に社会活動に参加する高齢者が増えてきました。高齢者が地域で積極的に社会参加することで、高齢者自身が生きがいや幸福感を感じることができるだけでなく、個人のレベルでは認知機能の低下を防ぐ効果、地域のレベルではソーシャル・キャピタル（地域力）を醸成する効果も期待できます。高齢者の社会参加は健康度に応じて、友人・近所づきあい、生涯学習・自己啓発、ボランティア、就労などの形があります。高齢ボランティアとして地域活動に参加したり、シルバー人材センターなどで就労するといった活動がすぐに頭に浮かびます。それ以外にも、学校ボランティアとして子どもたちに触れ合う中で社会貢献をするというユニークな活動も知られています。革新的自殺研究プログラムでは、東京都健康長寿医療センターの藤原佳典チームリーダーが主導する「地域の具体的実践に基づく社会参加とソーシャル・キャピタルの強化による自殺対策の推進に関する研究」という研究プログラムが進められています。この研究では高齢ボランティアが学校に出向いて小中学校等の子どもたちに絵本の読み聞かせを行うという活動が、高齢者の健康や子どもたちの自尊感情にどのような効果をもたらすかを明らかにしようとしています。研究の鍵となる言葉は「世代間交流」と「ソーシャル・キャピタル（地域力）の醸成」です。この研究プロジェクトはREPRINTSと呼ばれていますが、これはResearch of Productivity by Intergeneration Sympathy（世代間の共感により生産性を向上させる研究）の頭文字を取った名称です。絵本の選定や読み聞かせの練習などの準備はいわば「頭を使う」作業であることから、高齢者の認知機能低下の予防効果もあるとの研究結果も報告されています。

地域の高齢者が読み聞かせボランティアとして学校に出向き、子どもたちに絵本を読み聞かせることでどんな良いことが生まれるのでしょうか。これまでの研究から、読み聞かせボランティア活動を始めて21か月後の高齢者の自覚的な健康度が向上することが知られています。また、読み聞かせを受けた後では、子どもたちのストレスの軽減効果が認められることも明らかにされています。何よりも、地域の高齢者と子どもたちが世代を超えた交流を図ることで、子どもたちにとっては地域の高齢者が信頼できる大人として認知されることが重要だと思われます。また、高齢ボランティアにとっては、絵本の読み聞かせ活動のために同じ世代の高齢者同士で交流が深まるとともに、学校関係者や孫の世代の地域の子どもと交流を図ることで、高齢者自身の身体的・精神的健康に好ましい影響を及ぼしうると推測されます。また、地域の高齢者が学校活動に積極的に関与することで、地域住民の力を学校運営に生かす「地域とともにある学校づくり」にも貢献することができます。

さて、改正自殺対策基本法及び自殺総合対策大綱で重視されることになった「SOSの出し方に関する教育」と高齢者のボランティアであるREPRINTSは関わりうるものと考えられます。SOSの出し方に関する教育では、地域の信頼できる大人に子どもたちがSOSを発信することができ、そのSOSをしっかりと受け止める大人が地域にいることが重要です。子どもたちにとって信頼できる大人とは誰なのでしょうか。学校の先生や親たちは信頼できる大人の代表格ですが、教師に心を開くことができない子どもや家庭がうまくいっていない子どもたちにとって、教師や親は必ずしも信頼できる大人ではない可能性もあります。そのようなときに、目に見える地域の信頼できる大人の候補として、高齢者の学校ボランティアが挙げられるのではないかということです。日頃から子どもたちに接し、濃密ではないにしても身近に信頼できる大人として地域の高齢者が浮かび上がるという可能性をこの研究では想定しています。世代間交流の地道な活動により、子どもたちと高齢者の間に緩やかな信頼関係が醸成されるとすれば、高齢者のボランティアは子どもたちにとってSOSを発信したときにしっかりと受け止めてくれる「信頼できる大人」となりうるはずです。このような仮説を検証するための研究プログラムが進みつつありますので、その成果を期待したいと思っています。

〔参考文献〕

藤原佳典：高齢者ボランティアと協働するソーシャル・キャピタル強化による自殺対策の推進に向けた研究. 第2回国際自殺対策フォーラム・シンポジウム「日本の自殺対策のイノベーションを支えるエビデンス」(抄録集)、東京、2018年1月20日.

05 地域づくりはなぜ自殺対策になるのですか？

A 「地域づくり」という言葉は様々な内容を含んでいます。平成25年4月から開催された「ふるさとづくり有識者会議」の小田切座長は、地域づくりという言葉は1970年代から使われはじめ、1980～90年代には地域活性化、2000年代前半には地域再生との関連で使われていると指摘しています。また、広義の「ふるさとづくり」と重なることを示しています。

一方、総務省は、「地域力創造」という言葉で、地方創成・地域おこしに関する政策を推進しています。地域力には地域資源や人的要素、社会的要素、経済的要素など多様な要素・内容が含まれていますが、地域を活性化要因としては人材力の要素が大きいとしています。また、「地域力」という言葉が広く社会に広まった契機は阪神淡路大震災後の復興のまちづくりであると言われています。その過程の中でコミュニティの大切さが見直され、地域の「つながり」や「コミュニケーション」のある「コミュニティ」の回復ということが、「地域力」として注目されてきました。

地域づくりとしての自殺対策という言い方をするときに、多くの人が様々なイメージを持って「地域づくり」という言葉を語っていると思います。本項では、地域の絆やソーシャル・キャピタルの醸成が自殺対策に有効であるという仮説を確かめるという観点から「地域づくり」「ソーシャル・キャピタル」という言葉を用いたいと思います。

革新的自殺研究推進プログラムではいくつかの研究グループがソーシャル・キャピタルと自殺という課題に取り組んでいます。その中で、千葉大学大学院の近藤克則教授の研究グループの研究の一部を紹介したいと思います。近藤教授はこれまでも地域のソーシャル・キャピタルが住民のメンタルヘルスや自殺率と関連を有しているとの研究を公表されていますが、革新的自殺研究プログラムでは「地域レベルのソーシャル・キャピタルとうつ割合と自殺率の関係」について、新たに検討を加えています。

調査対象は、日常生活圏域ニーズ調査の2013年度データの提供に協力を得られた人口10万人以上の83市区町村の157,935人（男72,230人、女85,705人）です。2011～15年の男女別の60歳以上の5年平均自殺率、うつ割合（うつ関連の設問5問中2問以上に「はい」と答えた割合)、社会参加、社会的サポート、経済的困窮、主観的健康観不良をデータとして分析に用いました。相関分析を行い、地域レベルのソーシャル・キャピタルとうつ割合と自殺率の関係について検討しました。

結果ですが、男性自殺率はうつ割合と正の相関、社会参加、社会的サポートと負の相関が見られました。女性自殺率ではうつ割合とは関連が見られず、社会参加と負の相関が見られました。考察として、地域レベルの社会参加と社会的サポートが、男性のうつと自殺率に緩和的に作用していると思われました。女性自殺率とうつとの関連は見られず、社会参加が自殺に抑制的に作用していると思われました。以上より、社会参加、社会的サポートを醸成する地域づくりは自殺対策として役立つと考えられました。

近藤教授の研究は、ソーシャル・キャピタルの面から見た地域づくり型の自殺対策の有用性を示唆する科学的根拠の一つになりうると思われます。具体的にどのような形で社会参加や社会的サポートを進めていくかということが地域の現場では求められますが、これについては、地域自殺対策政策パッケージを見ていただくのが良いと思います。高齢者の重点パッケージの中において、「社会参加の強化と孤独・孤立の予防」という施策が示され具体的な事例も示されていますので、自治体の施策立案の参考となります。また、地域自殺対策政策パッケージの基本パッケージ「生きることの促進要因への支援」においては、居場所づくりの具体的施策を示していますので、これも自治体の施策立案の参考になります。

地域のソーシャル・キャピタルあるいは地域力をキーワードに、関連施策との連動を考慮して地域の自殺対策を推進していくことがこれからは重要となります。

〔参考文献〕

中村恒穂、鄭丞媛、辻大士、近藤克則：地域レベルのソーシャル・キャピタルとうつ割合と自殺率の関係．平成30年日本自殺総合対策学会―自殺総合対策の新時代を拓く―（抄録集）、東京、2018年3月．

Q 06 がん医療において、医療機関や地域はがん患者にどのように対応したら良いのでしょうか。

A　身体疾患を抱える患者の自殺のリスクが高いことはよく知られています。例えば、人工透析患者やエイズに罹患した患者の自殺のリスクは高くなることが知られています。がん患者の自殺率については、一般人口の約2倍という報告があります。また、がんと診断されてから1年間以内の自殺率は一般人口の自殺率と比べて特に高く、北欧では約13倍、日本では約24倍と報告されています。このように、がん医療における自殺の問題は看過できない課題と捉えることができます。まずは、実態を把握した上で、どのような対策が可能なのかを、革新的自殺研究プログラムの成果をもとに考えてみたいと思います。

まず自殺総合対策大綱では、自殺総合対策の当面の重点施策の「6. 適切な精神保健医療福祉サービスを受けられるようにする」の中で「(8)がん患者、慢性疾患患者等に対する支援」という項目で言及がなされています。

(1) がん患者について、必要に応じ専門的、精神心理的なケアにつなぐことができるよう、がん相談支援センターを中心とした体制の構築と周知を行う。

(2) 重篤な慢性疾患に苦しむ患者等からの相談を適切に受けることができる看護師等を養成するなど、心理的ケアが実施できる体制の整備を図る。

また、がん対策基本計画（2017（平成29）年）では以下のような記述がなされています。

⑴　わが国のがん患者の自殺は、診断後1年以内が多いという報告があるが（Yamauchi、2014）、拠点病院等であっても相談体制等の十分な対策がなされていない状況にある。がん診療に携わる医師や医療従事者を中心としたチームで、がん患者の自殺の問題に取り組むことが求められる。
⑵　国は、拠点病院等におけるがん患者の自殺の実態調査を行った上で、効果的な介入のあり方について検討する。また、がん患者の自殺を防止するためには、がん相談支援センターを中心とした自殺防止のためのセーフティーネットが必要であり、専門的・精神心理的なケアにつなぐための体制の構築やその周知を行う。

さて、がん患者と自殺に関する詳しい実態について、国立がん研究センターの内富庸介氏らは、以下のような報告をしています。すなわち、2009～2013年に東京都監察医務院にて検案された自殺事例のうち、がん既往のあるもの503名について調査したところ、がん既往のある自殺者数は自殺者全体の約5%を占め、がん患者全体の約0.2～0.3%が自殺で亡くなっていると推計されました（全国の年間がん罹患数は100万人）。

がんの種類で見ると、消化器がん（胃がん・大腸がん）、頭頸部がんの自殺者の割合が高く、これらは食事、発話、人工肛門等、機能障害の多いがんでした。一方、肺がん、肝胆膵がんといった難治がんの自殺者の割合は低いことがわかりました。自殺者の大半は治療中でしたが、入院中のものの割合は少ないことがわかりました。以上の結果は、がん患者の自殺のリスクは、どのようながんに罹患したかによって異なりうること、入院患者では地域に戻り治療している患者の方が自殺のリスクは高いことを示唆しています。

医療者の自殺に関する態度を調べた調査では、自殺に関する研修会に参加した者は、参加していない者に比べて、自殺の危険性の高い者に対する態度が良好と考えられ、医療者に対する適切な研修の実施（自殺に関する知識の習得、そして自殺の危険性の高い者への対応技術に関する研修）は効果的な対策のひとつと考えられました。

がん診断時の患者の多くががん拠点病院を受診することから、早期からの基本的ケア、専門的緩和ケアにおいて、自殺対策を念頭に置いた対応ができる体制の整備をすることが必要です。また、最初に接する医療者（医師、相談員、看護師、MSW、心理士など）に対するコミュニケーション・スキル・トレーニング（がん告知、その後のフォロー、精神症状の早期発見など）とチームによる相談市縁体制の充実が必要であると考えられます。

〔**参考文献**〕

松岡豊、井上佳祐、藤森麻衣子、明智龍男、河西千秋、鈴木秀人、内富庸介：がん医療における自殺ならびに専門的・精神心理的ケアの実態把握．平成30年日本自殺総合対策学会―自殺総合対策の新時代を拓く―（抄録集）、東京、2018年3月.

Q 07 メディアと自殺対策について最新の動向を教えてください。

A　自殺総合対策推進センターは平成28年度から、新しい形のメディア・カンファレンスを開催し、時代に対応したメディアと自殺対策のあり方を模索しています。平成28年度からは、自殺対策の専門家がメディア関係者にサインの知識を提供するという知識伝授型ではなく、メディアの当事者が自らの抱えている課題について参加型で討議を進めていくというカンファレンスの形式を採用しています。

さて、メディアと自殺対策というと、センセーショナルな報道による自殺の連鎖の誘発とその防止という問題がまず思い浮かびます。この問題については、欧米では多くの研究報告がありますが、ここでは1990年代報告されたオーストリアのウィーンの地下鉄の自殺に関する事例について紹介します。ウィーンの地下鉄では1984年頃から地下鉄で自殺する人が増えましたが、そこにはセンセーショナルな自殺に関する記事を掲載するタブロイド紙の掲載時期と一致していることが明らかにされました。このような結果を受けてオーストリア自殺予防学会は自殺報道のガイドラインを公表し、自殺を誘発しやすい報道をしないことについて配慮することを提示しました。このガイドラインの公表を受けて、メディアが過剰な報道を改めていった結果、ウィーンの地下鉄自殺数は減少に転じることになりました。この事例はメディアガイドラインが自殺の防止に有効であることを示したケースとなりました。WHO（世界保健機関）が示したメディアガイドラインは有名ですので、**図1**に示します。日本の自殺対策においてもWHOのメディアガイドラインについての周知がメディア関連の対策で重要な施策と位置づけられています。大手の新聞社などでは独自の自殺に関する報道ガイドラインを策定しガイドラインに沿った報道に心がけていますが、テレビ番組や娯楽ドラマ等では、いまだにガイドラインの周知が不足しているようにも思われます。

ところで、21世紀に入り、メディアと自殺の問題は時代の変化とともに、新たな問題も提起されるようになりました。それはインターネットの普及により、メディアの報道が紙媒体からウェブ媒体へとシフトしてきたことです。具体的な事例を挙げれば、ある女性タレントの自殺記事がネット配信され、100万回を超えるアクセスがあり、記事配信後に一日あたりの自殺者数が約50％増加したことがわかりました。この事例に関しては、紙媒体の記事とウェブ媒体のどちらがより大きな影響を及ぼしたのかについて断定的なことはいえませんが、インターネット時代に入り、多くの人がウェブ媒体により容易に記事にアクセスできるようになったことなど、新たな課題として迅速に取り組む必要性があると考えられます。

2017年7月に自殺総合対策推進センターで開催されたメディア・カンファレンスでは、メディアと自殺について当時者である報道関係者から次のような意見が出されました。メディアの現場で悩みながら報道に携わる当時者の想いが伝わってきますので敢えて紹介させていただきます。

⑴　自殺報道については、発生を伝える記事と自殺問題の解説の記事の2つを使い分ける必要があると思います。自殺で亡くなられた人の背後には、自殺を止められなかったという思いを持つ人が必ずいるはずです。そのような思いに応えるためにも、事件発生時の緊急的報道とその背景を深く掘り下げる解説的報道が必要だと思います。記者は思考停止になるのではなく、自分の頭でまず考えて、記事を書くかどうかを判断すべきではないでしょうか。

⑵　いじめ自殺の事案があったとき、記者はまず事件報道として記事を書くという意識を持っています。いじめ自殺報道は遺族からの告

発がきっかけになっていることが多く、このような場合に記者は遺族を被害者だと思って取材をしています。遺書は実名報道しないというのが原則だと思うが、学校側の不誠実な対応に憤り告発してくる遺族のことを考えると、遺書を公表しないという原則的な対応が良いのかと迷うこともあります。ある事例では最初は匿名でしたが、ある段階で遺族が実名報道してほしいとの強い要望が出され実名報道に切り替わりました。

⑶ 新聞社ではいろいろと自殺対策の取組がなされているようですが、テレビの現場ではあまりそういう動きを聞きません。一定のルールはあると思いますが、娯楽的な報道番組などではルールが尊重されていないようにも感じます。また、テレビ業界では下請会社に番組製作が業務委託されていることが多いので、下請会社においても報道ガイドラインのようなものが周知される必要があると感じました。

以上のように、メディア関係者は現場で悩みながら自殺報道に携わっていることがわかります。WHOのガイドラインの周知や関係者への研修等の従来から行われてきた対策を、大手の新聞社だけでなく、テレビ、雑誌、映画、ネット配信会社等のすべてのメディア関係者に広げていく取組が必要と思われます。また、21世紀に入り、紙媒体の記事と同時にインターネットやSNSの情報発信による自殺誘発効果の可能性が高くなっていると推測されるので、インターネットに関連する自殺対策をどう進めていくかについて早急に対応することが求められています。

〔参考文献〕

厚生労働科学研究費補助金障害者対策総合研究事業（障害者政策総合研究事業（精神障害分野））「学際的・国際的アプローチによる自殺総合対策の

新たな政策展開に関する研究」(研究代表者　本橋豊)、平成26～28年総合研究報告書、2017年.

何をするべきか

- 事実の公表に際しては、保健専門家と密接に連動すること
- 自殺は「既遂」と言及すること。「成功」と言わない
- 直接関係のあるデータのみ取り上げ、それを第1面ではなく中ほどのページの中でとりあげること
- 自殺以外の問題解決のための選択肢を強調すること
- 支援組織の連絡先や地域の社会資源について情報提供すること
- 危険を示す指標と警告信号を公表すること

してはいけないこと

- 写真や遺書を公表しないこと
- 使われた自殺手段の特異的で詳細な部分については報道しないこと
- 自殺に単純な理由を付与しないこと
- 自殺を美化したり、扇情的に取り上げたりしないこと
- 宗教的、あるいは文化的な固定観念をステレオタイプに用いないこと
- 責任の所在を割り付けたりしないこと

参考：「自殺予防　メディア関係者のための手引き（日本語版第2班)」
Mental and Behavioral Disorders, Department of Mental Health, World Health Organization, Geneva 2000　（監訳：河西千秋、平安良雄、横浜市立大学医学部法医学教室　2007）
http://apps.who.int/iris/bitstream/10665/67604/5/WHO_MNH_MBD_00.2_jpn.pdf
P.9「要約：すべきこと、してはいけないこと」

図1　メディアガイドライン（WHO）

08 医学生を対象とした自殺対策の授業について教えてください。

A 自殺対策に係る人材の確保、養成及び資質の向上を図ることは、自殺対策の中でも重視されている対策です。様々な分野において生きることの包括的な支援に関わっている専門家や支援者等を対象として、幅広い分野で自殺対策教育や研修等を実施することが求められています。具体的には、自殺や自殺関連事象に関する正しい知識を普及したり、自殺の危険を示すサインに気づき、声をかけ、話を聞き、必要に応じて専門家につなぎ、見守る、「ゲートキーパー」の役割を担う人材等を養成することになります。これまでは専門家や地域の住民を対象として、ゲートキーパー養成講座の開催などを通じて、人材育成を図ることが多かったと思われます。大学や専修学校といった正規の学校教育のカリキュラムに正式に組み込んだ形で自殺対策に関する教育を行うという事例は決して多くありませんでした。新しい大綱では、このような現状を踏まえて、重点施策のひとつとして、「大学や専修学校等と連携した自殺対策教育の推進」を掲げ、以下のような記述をしています（第4　自殺総合対策における当面の重点施策の中の「4. 自殺対策に係る人材の確保、養成及び資質の向上を図る」）。

「生きることの包括的な支援として自殺対策を推進するに当たっては、自殺対策や自殺のリスク要因への対応に係る人材の確保、養成及び資質の向上が重要であることから、医療、保健福祉、心理等に関する専門家などを養成する大学、専修学校、関係団体等と連携して自殺対策教育を推進する」

ここでは、革新的自殺研究プログラムで行われている医学部医学科で医学生を対象にした人材養成プログラム（研究代表者・北里大学医学部・堤明純教授）と筆者が非常勤講師として担当している広島大学医学科学生を対象とした社会医学・公衆衛生学の授業の概要を紹介します。

⑴ 医学部医学科の医学生を対象として自殺対策（北里大学医学部・堤明純教授の研究グループ）

医学部医学科の正規のカリキュラムに組み込む自殺対策の授業のために、自殺企図者の対応など医療者が遭遇し得るケースへの対応技術向上を目的に、行動科学的要素を取り入れた参加型実習とロールプレイなどを盛り込んだ実習の教材開発を行いました。医学部のモデル・コア・カリキュラムに取り入れられる行動科学で重視されているコミュニケーション能力の醸成を目標に、心理的な負担を抱えている患者に寄り添い、傾聴しつつコミュニケーションをとる能力を養う症例シナリオを作成し検討しました。

結果としては、コミュニケーションを学ぶ2つのシナリオを作成し、心理的負担の強い患者との面接法（寄り添い、傾聴、サポート）と自殺企図者への対応を、学生がロールプレイを通じて習得することを目標とするアクティブ・ラーニングのためのトリガービデオを作成しました。このシナリオは一般人を念頭においた基本的なシナリオとなりましたが、医療の現場で自殺念慮をもつ患者さんがクリニックなどに来た場合にどのように対処して専門の医療機関につなげるか、また地域医療保健等との連携をどう図るか、さらに、医学生以外の保健医療職（看護師・薬剤師等）を対象とする場合にも、それぞれの職種に対応したシナリオを検討する予定にしています。

⑵ 広島大学医学部医学科の正規カリキュラムにおいて実施している自殺対策の授業

広島大学医学部医学科の４年次学生を対象に「社会医学・公衆衛生学」の正規の授業において「自殺対策」と題する講義を行っています。

授業時間は90分ですが、知識伝授型の授業に終始することのないように講義60分、質疑応答30分の時間配分としています。授業内容は、すでに臨床講義科目は始まっている4年次学生ということを考慮して、導入部では「将来臨床医として活躍する中で、自殺予防や自殺対策が、臨床の場だけでなく地域・学校・職場などのさまざまな場において重要である。臨床医になっても自殺対策は総合的に行われるべきもので、生物学的観点のみの狭い視野で自殺問題を捉えてはいけないこと」を伝えます。そして、大学生の自殺事案を提示した上で、若者の自殺問題で考慮すべき社会医学的な背景要因を考えさせ、海外の事例（アメリカのハーバード大学の自殺対策の取組など）も提示します。そして、具体的事例で自殺問題に関心を持たせたあとで、日本の自殺総合対策の概要（自殺対策基本法や自殺総合対策大綱）や自殺対策と関連する諸制度の連携の重要性を解説します。最後に、地域づくり型の自殺対策の介入により短期間で地域における自殺率が減少するという事例を紹介し、医師や医療保健職が地域の自殺対策に関与する重要性を強調し、講義を終了します。質疑応答では、自由な質問を受けますが、質問が少ないときには主任教授と筆者がリレートークのような形で、日本の自殺対策の特徴を話します。授業後の学生の反応は概ね好評価であり、自殺対策の現状につて理解が深まったという意見が多く寄せられます。

広島大学医学部以外にも、東京医科歯科大学医学部、弘前大学医学部などにおいてもほぼ同じ内容の講義を行っています。

将来医師となる医学部医学科の学生だけでなく、看護師・保健師、薬剤師になる看護学部や薬学部等においても、正規のカリキュラムに自殺対策の授業が組み込まれれること目標に、引き続き努力をしていくことが求められます。

〔**参考文献**〕

井上彰臣、堤明純、守屋利佳、千葉宏毅、島津明人：　自殺予防に対して医学生が有するべき知識と技術向上のための教材開発．平成30年日本自殺総合対策学会—自殺総合対策の新時代を拓く—（抄録集）、東京、2018年3月．

第10章

自殺対策に関わる人材養成と資質の向上

Q 01 自殺対策に関わる人材の確保、養成、資質の向上について、どのような人を対象に対策を行ったらよいのでしょうか。

A 自殺対策は「みんなの仕事」です。特定の専門家や自殺対策の係わる関係者だけが対策を進めていくものではありません。自殺をする人はうつ病や心理的に追い詰められた状態にあることが多いので、素人が手を出してはいけない、専門家に任せた方が良いといった意見がかつては大勢を占めていました。臨床の医師であれば精神科医、職場であれば内科の産業医ではなく精神科の産業医、学校であれば教師ではなくスクールカウンセラーや臨床心理士といった具合です。確かにうつ状態で死にたいという気持ちが強く実際に自殺の危機が迫っている場合などには、精神科医や臨床心理士の専門的対応が必要です。一方で、地域において身近なゲートキーパーとして、悩み事を抱えている人の相談にのる場合には、必ずしも専門家である必要はありません。もちろん、自殺のリスクを抱えて人の心理的状況への理解や借金問題の解決のための専門家へのつなげ方など、最低限知っておくべき事項はわきまえておく必要があります。このような知識や態度の涵養は地域などで行われる住民向けのゲートキーパー養成講座が活用されるべきです。自治体などが主催するゲートキーパー養成講座を終了した住民の数を増やしていくことは地域自殺対策の推進において大きな役割を果たします。

専門家志向でないゲートキーパー養成の好事例として、長崎県で行われてきた「誰でもゲートキーパー作戦」を紹介したいと思います。長崎県では「特別な相談機関に行かなくても、適切な情報が必要としている人に届き、最後は支援につながるような網の目のような地域体制を作ってほしい」という自死遺族代表の声を受けて、地域の様々な組織（企業、学校、自治会、町内会など）や一般市民にゲートキーパーの役割を担ってもらえる体制を構築するため、「誰でも（どこでも）ゲートキーパー作戦」を始めました。具体的に言えば、多重債務者への初期対応ができる保健師、メンタルヘルス対応ができる法律事務所、自殺のハイリスク者に気づき関係する相談窓口につないでくれる自治会長、正しい知識をさりげなく伝えてくれたり相談先を教えてくれる街中の店主、などです。街中の八百屋さん、スナックのママさん、床屋さん、美容師さんなどがゲートキーパーになることで、身近な相談相手が増えていくのです。このようなゲートキーパーを増やしていくためには、基本的な知識や態度を身につけることのできる研修や相談対応のための手引きの整備などが必要です。その上で、ゲートキーパー研修を終了した人を信頼しサポートする仕組みをつくり、情報交換や交流のための住民同士のネットワークを広げていくことが求められます。

さて、大綱では「第４　自殺総合対策における当面の重点施策」の中の「4. 自殺対策に係る人材の確保、養成及び資質の向上を図る」において、以下のような多様な職種の人材が挙げられています。

かかりつけの医師、教職員、地域保健スタッフや産業保健スタッフ、介護支援専門員等、民生委員・児童委員、社会的要因に関連する相談員（消費生活センター、地方公共団体等の多重債務相談窓口、商工会・商工会議所等の経営相談窓口、ハローワークの相談窓口等の相談員、福祉事務所のケースワーカー、生活困窮者自立相談支援事業における支援員）、遺族等に対応する公的機関（警察官、消防職員）、弁護士、司法書士等、多重債務問題等の法律問題に関する専門家、調剤・医薬品販売等を通じて住民の健康状態等に関する情報に接する機会が多い薬剤師、定期的かつ一定時間顧客に接する機会が多いことから顧客の健康状態等の変化に気づく可能性のある理容師。

以上のような様々な分野において支援に関わっている専門家や支援

者等を自殺対策に係る人材として確保、養成することが重要であり、幅広い分野で自殺対策教育や研修等を実施することが必要であると大綱では述べられています。
「ゲートキーパー」の役割を担う人材等の養成にあたっては、自殺や自殺関連事象に関する正しい知識を普及したり、自殺の危険を示すサインに気づき、声をかけ、話を聞き、必要に応じて専門家につなぎ、見守る、「ゲートキーパー」という役割を理解してもらうことになります。大綱では、自殺予防週間や自殺対策強化月間等の機会を捉え、広く周知を進めることにより、国民の約３人に１人以上がゲートキーパーについて聞いたことがあるようにすることを目指しています。同時に、これら地域の人的資源の連携を調整し、包括的な支援の仕組みを構築する役割を担う人材を養成することとしています。

Q 02 ゲートキーパーの養成について教えてください。

A　ゲートキーパーとは、自殺の危険を示すサインに気づき、適切な対応（悩んでいる人に気づき、声をかけ、話を聞いて、必要な支援につなげ、見守る）を図ることができる人のことです。自殺対策では、悩んでいる人に寄り添い、関わりを通して「孤立・孤独」を防ぎ、支援することが重要です。1人でも多くの方に、ゲートキーパーとしての意識を持っていただき、専門性の有無にかかわらず、それぞれの立場でできることから進んで行動を起こしていくことが自殺対策につながります。

自殺総合対策大綱（2017（平成29）年7月25日閣議決定）では、「全ての国民が、身近にいるかもしれない自殺を考えている人のサインに早く気づき、精神科医等の専門家につなぎ、その指導を受けながら見守っていけるよう、広報活動、教育活動等に取り組んでいく」ことが基本方針として示されています（第3　自殺総合対策の基本指針「4. 実践と啓発を両輪として推進する」）。さらに、自殺総合対策における重点施策として、ゲートキーパーの役割を担う人材等の養成が示されており、「自殺予防週間や自殺対策強化月間等の機会を捉え、広く周知を進めることにより、国民の約3人に1人以上がゲートキーパーについて聞いたことがあるようにすることを目指す。」となっております（第4　自殺総合対策における当面の重点施策「4. 自殺対策に係る人材の確保、養成及び資質の向上を図る」）。

また、「弁護士、司法書士等、多重債務問題等の法律問題に関する専門家、調剤、医薬品販売等を通じて住民の健康状態等に関する情報に接する機会が多い薬剤師、定期的かつ一定時間顧客に接する機会が多いことから顧客の健康状態等の変化に気づく可能性のある理容師等業務の性質上、ゲートキーパーとしての役割が期待される職業について、地域の自殺対策やメンタルヘルスに関する知識の普及に資する情報提供等、関係団体に必要な支援を行うこと等を通じ、ゲートキーパー養成の取組を促進する。」ことが重点施策としてしめされております（第4　自殺総合対策における当面の重点施策「4. 自殺対策に係る人材の確保、養成及び資質の向上を図る」⑽様々な分野でのゲートキーパーの養成）。

「地域自殺対策政策パッケージ」（自殺総合対策推進センター）では、全ての市区町村・都道府県で実施されることが望ましい施策群である基本パッケージ「Ⅲ－２　自殺対策を支える人材の育成」として、ゲートキーパーの養成を掲げています。

具体的には、保健、医療、福祉、教育、労働その他の関連領域の者、一般住民に対して、誰もが早期の「気づき」に対応できるよう、必要な研修の機会の確保を図ることが求められます。地域自殺対策推進センター等は、研修の目的、対象者、内容等について、地域特性に応じて最も効果的な実施が可能となるよう、綿密な計画に基づき研修を実施することが期待されます。

なお、地域における関係機関、関係団体、民間団体、専門家、その他のゲートキーパー等の連携を促進するため、関係者間の連携調整を担う人材の養成を図り、自殺リスクを抱えている人に寄り添いながら、地域における関係機関や専門家と連携して課題解決などを行い相談者の自殺リスクが低下するまで伴走型の支援を推進することが望まれます。

また、大学、専修学校、関係団体との連携協力を図りながら、学校教育や社会教育の場において、早期の「気づき」に対応できる人材養成のための教育カリキュラムの導入に努めることが望まれます。

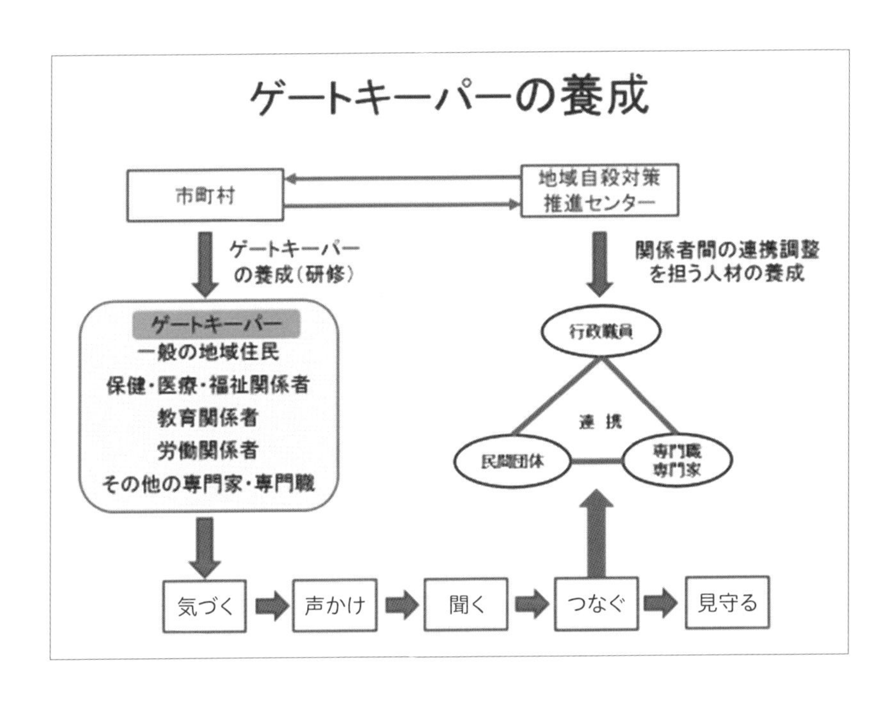
ゲートキーパーの養成
市町村
地域自殺対策
推進センター
ゲートキーパー
の養成（研修）
関係者間の連携調整
を担う人材の養成
ゲートキーパー
一般の地域住民
保健・医療・福祉関係者
教育関係者
労働関係者
その他の専門家・専門職
行政職員
連 携
民間団体
専門職
専門家
気づく
声かけ
聞く
つなぐ
見守る

第11章

社会全体のリスクを低下させる

01 妊産褥婦のうつと自殺にはどのような関係がありますか？

A　妊娠、出産というライフイベントは、多くの女性やその家族にとって大変幸せな経験であることでしょう。その一方で、少なくない女性が精神的に追い込まれ、自殺や子どもとの心中に至るケースがあります。この背景には、妊娠期や産褥期に急激な経過をたどる周産期のうつ病の存在があると考えられています。無治療の周産期のうつ病や精神疾患は、ご本人が辛いばかりではなく、養育能力が低下することによって、育児放棄や虐待、ひいては子どもの精神発達遅延などのより大きな問題となる可能性があるため、速やかに把握して対策を講じる必要があります。

妊娠中や産後にわたる周産期は、女性のメンタルヘルスに不調をきたしやすいことが知られていました。なかでも産後うつ病は、出産した女性の十数％が発症するといわれています。「産後うつ病」は、疾患名としては独立していませんが、国際的な精神疾患の診断基準DSM-5において、抑うつ症状が妊娠中または出産後4週以内に始まっている場合に適応されるようになりました。一方、臨床の場では、産後うつ病の発症時期は、産後3か月から6か月以内が多いとの報告もあります。また、産後にうつ症状がある方の約半数は、出産前からそのうつ症状があることが報告されています。

産後うつ病の症状は基本的にうつ病と同様です。気分が沈み、自分やものを過度に低く評価する、罪悪感をもつ、などの症状がみられます。一方で、不眠や食欲低下などの身体症状が産後の疲れともみなされてしまい、うつの症状が見過ごされることに注意しなければなりません。うつ症状が悪化すると、自責の念や絶望感に襲われて育児に対して前向きな気持ちがもてなくなります。子どもに対しても否定的で攻撃的な感情が向けられることがあります。重症化した場合には死にたいという希死念慮が表れるようになり、これらが児童虐待や育児放棄、母親の自殺や心中という事態を招きかねないのです。

これまでも、周産期という特定の時期に、自殺のリスクが一部の女性で高くなる傾向が海外の研究者から指摘されていました。英国では、母体ケアの指標として後発妊産婦死亡（妊娠終了後満42日以後1年未満までの母体死亡）が定められ、産科的原因に加え、精神医学的死因による内容が母体死亡の集計に反映されています。これによると、自殺による死亡数が産科的身体疾患による死亡数より多く、この傾向は集計を開始した2000年当初から最近に至るまで変わっていません。また、Cantwellら（2011）によると、産褥期の自殺死亡数は妊娠期の5倍となっており、自殺者の60％以上が精神科受診の既往歴を有し、そのうちの半数以上が産褥期に精神科の入院歴があることが明らかになっています。

日本では、東京都23区における2005年から10年間の周産期の自殺者数が集計されています。妊婦と産後1年未満の女性の異常死89例のうち、自殺者は63例に上りました。自殺率は8.7／出生10万であり、報告されている欧州の国の周産期の自殺率と比較し2〜3倍近く高いことがわかりました。妊娠中の自殺は23例、産後は40例であり、それぞれ、妊娠2か月および産後4か月頃に最も多く自殺が発生しています。また、亡くなった産褥婦の60%が、産後うつを含む何らかの精神疾患を有していました。精神疾患がないと分類された群の中にも、本人と医療機関とのつながりがなくなっていたり、精神科受診を拒んでいたりして、診断されていない方が含まれていると考えられます（岡田2016）。

このような周産期の自殺者の実態は、現在のところ、日本全体で把握することができていません。日本では、産後の1か月検診で問題がなければ、その後産婦人科に受診することは少なくなります。そのため自殺など産婦人科疾患以外で亡くなった場合、他科で死亡診断書が書かれるため、備考がなければ産褥婦であるかどうかがわからなかったのです。この課題に対し、平成29年度の死亡診断書（死体検案書）記入マニュアルでは、妊婦または出産後1年未満の女性が死亡した場合についての記入方法が変更され、妊娠に関連した産後うつなどの精神疾患による自殺の数も産科的死亡の数に算入されるようになりました。

02 妊産婦への支援の充実を具体的にどのようにして行ったら良いのでしょうか？

A　周産期の女性の自殺は産後うつを含むメンタルヘルスの悪化が大きな要因と考えられています。そのため、まずはメンタルヘルスの不調にいち早く気づくこと、必要な支援を提供できる機関や職種につなぐこと、そして母子を含む家族を地域でサポートする体制を整えることが、望ましい一連の流れとなります。

周産期にメンタルヘルスの不調をきたしやすい要因としては、次のようなものがあります。妊娠や育児の不安、サポートの不足、離別・死別など精神的に負荷が大きいライフイベント、精神疾患の既往や家族歴、家庭内の暴力や孤立、望まない妊娠、などです。つまり、メンタルヘルスを悪化させている妊産婦の背景には、周産期に特異的な問題だけではなく、その他の問題が関わっている場合も多いのです。このような様々な課題に対応するためにも、地域において多職種の連携が必要となります。誰かがリスクを抱えた女性に気づいたとしても、情報を共有する体制が整っていなければどのように動いてよいかわからず、結局、課題はそのままになってしまう恐れがあるからです。

周産期の女性は、健診などを通じて定期的に医療機関を訪れるため、産科医、助産師や看護師など、そして産後であれば新生児医や小児科医、保健師など多くの専門職従事者と接する機会があります。それにも関わらず、周産期の女性の自殺死亡率は同世代の女性の自殺死亡率と比べて約3分の2程度であり、必ずしも低いとは言えません。自殺のリスクの高い母子が、各専門機関の支援からもれ落ちている可能性が考えられます。

このような現状に対する厚生労働省の事業として、平成27年度から始まった健やか親子21（第2次）では、産後うつが「切れ目ない妊産婦・乳幼児への保健対策」の課題の1つに挙げられました。また各市町村での妊娠・出産包括支援事業でも、周産期のメンタルヘルスケアが課題として位置づけられました。現状では様々な機関が個々に行っている支援について、総合的な相談支援を行うワンストップ拠点「子育て世代包括支援センター」が設置されていくことで、妊娠期から育児期まで切れ目のない支援の仕組みづくりに役立つと期待されています。また平成28年に改正された児童福祉法では、支援が必要な妊婦や母子に気づいた医療機関などは、児童虐待を防ぐため市町村に対して情報提供するよう努めることが明記されました。

最近では、母子健康手帳の交付時に保健師などが妊婦全員に面接を行い、心理社会的状況やメンタルヘルスをスクリーニングしている自治体も増えており、妊娠期から継続する支援体制が整いつつあります。

一方、産科医療機関においても、妊娠期にメンタルヘルスの系統的なスクリーニングを行い、そこで得た情報を地域の関連機関で活用することが望まれます。例えば、多職種の関係者が集まるミーティングを定期的に開催することも、母子を支援する地域のネットワークづくりの基盤となります。関係者が定期的に情報交換を行って、他の機関や自身の機関の役割を相互に理解しておくことが大切です。支援を必要とする母子に対してどのような課題があるか、どんなサポートがありうるかを整理することができます。多職種連携のためのミーティングには、産科領域の医療従事者だけでなく、精神保健精神科医や臨床心理士、精神保健福祉士なども参加することが望ましいですが、現状では、これらの精神保健担当者が日頃から母子保健医療に携わるケースは限られているでしょう。一方で、多くの自治体では精神保健福祉相談などの対応を行っているので、地域の母子保健サービスを把握する保健師などがハブのような役割を担うことも考えられます。

03 子どもの貧困対策は子どもや若者の自殺対策とどのように関係しているのですか。

近年、日本でも子どもの貧困が社会問題として認識されるようになりました。平成25年に「子どもの貧困対策の推進に関する法律」が制定され、その法律を受けた大綱に基づき子どもの貧困に対する政策が進展しています。

まず、子どもの貧困の課題と自殺のリスクとは、どのように関わるのでしょうか。貧困とは、一義的には所得をはじめとする経済的手段の欠乏を指しますが、貧困状況にある親のもとで育つ子どもにとっては、貧困体験がさまざまな不利や制約となって現れます。例えば、低所得世帯では、居住スペースや学習の機会の制約によって、適切な教育環境が不足していたり、親の時間的・心理的余裕がなく、充分に子どもと向き合う時間が取れないなど、コミュニケーションの機会が失われたりする状況にあります。こうした社会的排除は、子どもの成長過程にさまざまな面で望ましくない影響を及ぼします。その影響の一つとして、社会的排除の経験によって、子どもの自己肯定感を低下させることがわかっており、この自己肯定感の低さは、慢性疾患やうつ、摂食障害、自殺関連行動などと関連があると指摘されています。つまり、さまざまな社会的排除を生む貧困体験によって、子どもは自己肯定感などのリスクに対する防御力を低下させ、子ども時代、さらには将来における自殺のリスクを高める可能性があるのです。

一方で、自己肯定感や自尊感情という、自分に対する評価が高いことは、さまざまな困難にあってもそれらに屈せずに解決策を講じたり、困難を切り抜けたりする原動力となりえます。そのため、たとえ貧困の状況にある子どもであっても、自己肯定感を低下させることなくこれを育む環境を整えることが、子どもの貧困対策において大切といえます。自己肯定感を育むことは、世界保健機関（WHO）が1994年に各国の教育課程への導入を提案した「ライフスキル教育」にも内包されています。ライフスキルとは、「日常で生じるさまざまな問題や要求に対して、建設的かつ効果的に対処するために必要な能力」のことで、自己肯定感の形成を基盤として、目標設定、問題解決、意思決定、対人関係、情動への対処、ストレスへの対処などのさまざまなスキルが含まれています。ライフスキルを身につけることで、生活における変化や課題に適応し、困難なときに回復する能力（レジリエンス）を高められると考えられているのです。つまり、子どもの自己肯定感の低下を防ぎ、レジリエンスの促進にはたらきかけることも、子どもの貧困に対する福祉教育的な取り組みとして重要な目的となります。このような取り組みや教育が、貧困の世代間連鎖を断ち切り、ひいては自殺を含むさまざまなリスクを低減させることにもつながる可能性があるのです。

また子どもの貧困と社会的排除について、数多くの実証的検証を行ってきたテス・リッジ氏は、貧困世帯に育つ子どもや若者の状況として、学校環境外で他者と一緒に活動したり、より広い社会的ネットワークを維持発展させたりする機会の不足を指摘しました。このため、給付水準の引き上げや教育関係費の軽減と並び、「低所得世帯の子どもや若者を社会活動に積極的に参加させること」を政策的に提案しています。日本での研究においても、子どもに関する指標において、このような人間関係、つまり「つながり」の重要性が注目されています。子どもにとって家族とのつながり、学校・教師とのつながり、近隣地域とのつながりの格差が、学力や健康へ影響を及ぼし、さらに子どもの自己肯定感にも関連する可能性があるためです。足立区において実施した「子どもの健康・生活実態調査」では、家庭や学校以外の「第三の場所」の存在が、家庭環境と同様に子どもの自己肯定感に影響していることが報告されており、上記の可能性を裏付ける結果を示しています。さらに同調査では、子どもの自己肯定感を高めるためには、子どもが学校で楽しく過ごせる環境づくりや、信頼できる地域の大人の存在が大切であり、これらの対策は貧困状況にある子どもにとっても有効であることが示唆されています。

Q04 性的マイノリティに対する支援をどのように進めていけば良いですか？

A 性的指向又は性自認における少数者を表す総称として、「性的少数者」、「性的マイノリティ」、「セクシャル・マイノリティ」などがあります。また、国連の広報に用いられており一般的に使用されることの多い「LGBT」も性的マイノリティの総称として用いられます。LGBTとは、Lがレズビアン（Lesbian：女性の同性愛者）、Gがゲイ（Gay：男性の同性愛者）、Bがバイセクシャル（Bisexual：両性愛者）、Tがトランスジェンダー（Transgender：こころの性とからだの性との不一致）の頭文字から作られた言葉です。

日本では、自殺の原因・動機について性的指向は把握されておりませんし、性的マイノリティの多くは差別を恐れ、自身の性的指向を周囲に打ち明けていないことから、自殺のリスクを明らかにするのは困難です。自殺未遂者の実態についても国レベルで把握されていないのが現状です。しかし、近年、男性の性的マイノリティはそうではない男性の約6倍もの自殺未遂経験者がいることが報告され（Hidaka Y et al, 2008）、「自殺総合対策大綱」にも性的マイノリティへの対策の必要性が明記されました。また、2015年4月に一橋大学法科大学院において、恋愛感情を告白した相手による「アウティング（本人の了解を得ずに、公にしていない性的指向等の秘密を暴露すること）」によって、性的マイノリティの学生が自殺する事件があり、このような問題が広く知られるきっかけとなりました。

日本の社会は性的マイノリティに寛容とはいえないのが現状です。そのため、性的マイノリティは、日常的に偏見や蔑視にさらされ、いじめやさまざまな差別を受けやすいため、多くが生きづらさを抱えています。また、性的マイノリティの多くは、自己がそうであることを周囲の人に知られないように生活しているため、必要な社会的サポートともつながりにくいのです。そのような、社会的排除と孤立感が性的マイノリティの生きづらさとなり、自殺のリスクを高める要因となっています。そのため、性的マイノリティについて、理解と偏見等のない社会を実現していく取り組みが必要です。また、性的マイノリティは思春期に自身の性的指向や性別の不一致感に悩むことが多いため、教育関係者の理解を促進することも課題です。

自殺総合対策大綱では、「自殺念慮の割合等が高いことが指摘されている性的マイノリティについて、無理解や偏見等がその背景にある社会的要因の一つであると捉えて、理解促進の取組を推進する。」と提言されています（2. 国民一人ひとりの気づきと見守りを促す ⑶自殺や自殺関連事象等に関する正しい知識の普及）。また、「性的マイノリティは、社会や地域の無理解や偏見等の社会的要因によって自殺念慮を抱えることもあることから、性的マイノリティに対する教職員の理解を促進するとともに、学校における適切な教育相談の実施等を促す。」及び、「公正な採用選考についての事業主向けパンフレットに「性的マイノリティの方など特定の人を排除しない」旨を記載し周知する。」と提言されています（7. 社会全体の自殺リスクを低下させる ⒃性的マイノリティへの支援の充実）。

国の取り組みとして、法務省の人権擁護機関では、「性的嗜好を理由とする偏見や差別をなくそう」及び「性同一性障害を理由とする偏見や差別をなくそう」を啓発活動の年間強調事項として掲げ、啓発冊子の配布をするほか、性的嗜好及び性同一性障害をテーマとした人権啓発ビデオ「あなたが　あなたらしく生きるために　性的マイノリティと人権」やスポット映像を、YouTube法務省チャンネルを通じて配信するなどの各種啓発活動を実施しています（厚生労働省「平成28年度版自殺対策白書」p.98）。

自治体での取り組み事例としては、神奈川県横須賀市で行われている性的マイノリティに対する取り組みがあります。横須賀市では平成25年度から、人権・保健衛生・児童福祉・教育部局の関係課長が出席する「性的マイノリティ関係課長会議」を庁内に設置し、情報交換・対応方法等の検討を行い、26年度より性的マイノリティの孤立の防止を目的として、情報交換できる場を市内で開催できるよう「性的マイノリティ分かち合いの会補助事業」を開始しました（厚生労働省「平成27年度版自殺対策白書」p.121－122）。

このように、性的マイノリティに対する支援や対策については、様々な価値観を認め合って、各々が生き生きと生活し、働き、活躍できるような社会的包摂を推進し、多様性のある社会を実現していくことです。そのために、自殺対策は、人権・保健衛生・児童福祉・教育部局と連携し、住民への啓発活動などによって理解を促進していくことが重要となります。

〔参考文献〕

1）Hidaka Y et al (2008) Attempted suicide and associated risk factors among youth in urban Japan, Social Psychiatry and Psychiatric Epidemiology,43:752-757

2）厚生労働科学研究費補助金エイズ対策研究事業　ゲイ・バイセクシュアル男性の健康レポート2

メディアが自殺対策において果たす役割について教えて下さい。

A マスメディアと自殺の問題は、これまで、センセーショナルに自殺を取り扱う記事や自殺手段等の詳細を伝える記事が自殺を誘発するというような視点で論じられることが多かったようです。そして、日本では報道と自殺の関係はアイドル歌手の自殺の不適な報道が若者の連鎖自殺を誘発したという事案に代表されるマスメディアの自殺問題への配慮の欠如を「指導する」という上から目線の観点が強かったように思われます。それゆえ、有識者や行政は、世界保健機関の自殺予防の手引きのうち「マスメディアのための手引き」を報道機関に徹底させることで、報道機関に抑制的な自殺報道をお願いするという対策が、いわば約束事のように示されてきました。一方で、新聞社等の報道機関は自主的に自殺報道に関するガイドラインを策定し、その遵守を記者等に徹底するという取組を進めてきました。

憲法で保障されている「報道の自由」や行政機関の指導を嫌うマスメディアの独立不羈の精神などを背景に、自殺報道においてはあくまでもマスメディアの自主性を尊重するという形で対策を推進するという手法に至るのです。

メディアカンファレンスは、報道関係者を集めて上から目線で自殺報道の在り方を講義するという形式のものがわが国でも見られましたが、自殺総合対策推進センターでは、このような古い形から脱却し、報道と自殺対策について報道関係者自らが関わる形で討議することが重要と考え、当事者参加型のメディアカンファレンスを平成28年度から開催することにしました。すなわち、自殺対策の専門家がメディア関係者に講演をするという古いタイプの知識付与型の研修ではなく、「今、報道の現場で課題になっていることを、報道の当事者自らが問題提起をして関係者が討議をする」という新しいスタイルのメディアカンファレンスへと転換したのです。平成29年2月に行われたメディアカンファレンス（自殺総合対策推進センター主催）は「日本の自殺対策における報道のあり方を考える」というタイトルで、新聞やテレビの現場のメディア関係者が課題を洗い出し対策の方向性を討議するという内容となりました。このメディアカンファレンスの詳細は平成28年度の厚生労働科学研究報告書（自殺総合対策推進センターのホームページ参照）に報告しているので、関心のある方はこれを参照していただきたいと思います。本項では、主たる討議結果の概要を示すことで、メディアが自殺対策において果たす役割とその限界を理解していただきたいと思います。

このメディアカンファレンスでは日本を代表する新聞社に在籍し現場の記者経験も豊富な二人の報道関係者から、メディアと自殺報道に関する現場の悩みや課題の話題提供がありました。そして、それを受ける形でフロアを巻き込んでの討議が行われました。以下、箇条書きにその概要を記します。

⑴　報道ガイドラインに拘束されると記事が書けなくなることがある。遺族の思いを伝えて、つぎの悲劇を防ぐためという思いで記者も取り組んでいる。一律にWHOの報道ガイドラインを守れということは現場では説得力がないことがある。

⑵　有名タレントの自殺事例をもとに、ネット時代における新聞報道の課題があることが議論となった。小さな新聞報道がネット掲載され、結果として自殺者数が一過性に増加したとされたが、この現象が紙媒体の新聞報道のためなのか、テレビ報道の過熱のためなのか、ネットでの情報拡散のためなのか、判断する根拠がなかった。

⑶　21世紀に入り、紙媒体の記事による情報発信より、インターネットやSNSの情報発信により自殺誘発効果の可能性が高くなったのではかとも考えられるが、この点については、学問的検証も対策も

十分に講じられていないのが現状である。WHOの報道ガイドラインは新たな時代の情報伝達のネット化に対応できていない。現場の悩みや問題も熟知している報道関係機関の自主的な報道ガイドラインを、各報道機関で自主的に作成してもらい、これを遵守していくことが望ましいと思われた。

⑷ 新聞報道ではなく、テレビ映像による報道の方がより影響が大きいと思われるが、テレビの自主的規制、ガイドライン、体系的な研修はないようである。テレビ業界では下請け会社に製作を任せることも多く、下請け製作会社に報道と自殺の関係が理解されているかどうかの検証も必要である。

⑸ 新聞報道でいかなる報道をするかはデスクや編集者の立場にある者の権限に依存している。従って、デスクや部長級の者に対する研修や啓発も大切ではないか。

このメディアカンファレンスで明らかにされた課題は、単に「マスメディアのための手引き」を報道機関に徹底させることを声高に訴えるだけで、課題解決の有効な手立てにはならないことを示しています。現場の記者たちはすでにWHOのガイドラインや自社の報道ガイドラインを理解した上で、報道人としての見識のもとで報道の在り方を模索しているという実情の一端が明らかにされました。また、紙媒体の新聞報道ばかりでなく、テレビの報道番組やバラエティー番組等においてもガイドラインの周知は必要ですが、下請け会社に番組制作を委託するなどの仕組みの中でガイドラインそのものの周知が難しいという実情も明らかになりました。さらにIT時代の進展とともに、紙媒体のメディアよりインターネットやSNSの情報発信の比重が高まり、旧来型の報道を念頭においたガイドラインの周知という対策の有効性が薄まっている可能性も考慮する必要があるなどの重要な論点も示されました。最後に、メディアへの研修も現場の記者だけでなくデスクや部長級の者などの編集権を有する責任者に対しても行う必要性が示唆されました。

このように、メディアが自殺対策において果たす役割は時代の変化の中で新たな観点を取り入れる必要があると考えられます。自殺対策関係者もメディア関係者もこのような時代の変化を見据えて、新たな対策を打ち出していくことが必要です。

資　料

市町村自殺対策計画策定の手引

〜誰も自殺に追い込まれることのない社会の実現を目指して〜

平成29年11月
厚生労働省

※　本手引における「市町村」には、全て「特別区」が含まれます。

はじめに

　我が国の自殺対策は、平成18年に自殺対策基本法が制定されて以降、大きく前進しました。それまで「個人の問題」とされてきた自殺が「社会の問題」として広く認識されるようになり、国を挙げて自殺対策を総合的に推進した結果、自殺者数の年次推移は減少傾向にあるなど、着実に成果を上げています。しかし、我が国の自殺死亡率（人口10万人当たりの自殺による死亡率）は、主要先進7か国の中で最も高く、自殺者数の累計は毎年2万人を超える水準で積み上がっているなど、非常事態はいまだ続いていると言わざるを得ません。

　そうした中、「誰も自殺に追い込まれることのない社会」の実現を目指して自殺対策を更に総合的かつ効果的に推進するため、施行から10年の節目に当たる平成28年に、自殺対策基本法が改正されました。自殺対策が「生きることの包括的な支援」として実施されるべきこと等を基本理念に明記するとともに、自殺対策の地域間格差を解消し、いわばナショナルミニマムとして、誰もが「生きることの包括的な支援」としての自殺対策に関する必要な支援を受けられるよう、全ての都道府県及び市町村が「都道府県自殺対策計画」又は「市町村自殺対策計画」を策定することとされました。

　今後は、各市町村において策定される「市町村自殺対策計画」が、当該市町村の自殺対策の牽引役となることが期待されます。当該市町村における全事業の中から「生きる支援」に関連する事業を総動員して、つまり既存の事業を最大限活かす形で策定された市町村自殺対策計画は、全庁的な取組として当該市町村の「生きることの包括的な支援（＝自殺対策）」を推進する力になるからです。また、全国の市町村がこれを行うことにより、我が国の自殺対策も更に大きく前進することになるはずです。

本手引は、平成29年7月に閣議決定された新たな自殺総合対策大綱において、国は、自殺対策計画の円滑な策定に資するよう、自殺対策計画策定ガイドラインを策定することとされていることから、「市町村自殺対策計画」の策定に関する標準的な手順と留意点などをとりまとめたものです。「自殺対策の基本方針」など、そのまま市町村自殺対策計画に盛り込むことのできる内容も含めていますので、ぜひご活用ください。

目　次

1）計画という手法の効果
2）役割分担等の明確化
3）計画策定を通じた合意形成
4）着実な実施の担保
5）国からの支援

Ⅲ　自殺対策計画策定の流れ

Ⅲ－1　意思決定の体制をつくる

1）行政トップが責任者となる
2）庁内横断的な体制を整える
3）広く住民の参加を得る
4）地域ネットワークの参加を得る

Ⅲ－2　関係者間で認識を共有する

1）地域の自殺実態を共有する
2）自殺対策の理念等を共有する
3）自殺対策の目標を共有する

Ⅲ－3　地域の社会資源を把握する

1）庁内の関連事業を把握する
2）地域の様々な活動を把握する

Ⅲ－4　自殺対策計画を決定する

1）計画の全体構成を考える
2）各事業の担当及び実施時期を明確にする
3）検証可能な指標や目標を定める

Ⅳ　計画に盛り込む内容の決定

Ⅳ－1　計画の名称を決める

1）はじめに	5）いのち支える自殺対策における取組
2）計画策定の趣旨等	6）自殺対策の推進体制等
3）●●における自殺の特徴	7）参考資料
4）これまでの取組と評価	

Ⅳ－２　計画の構成を決める

Ⅳ－３　評価指標等を盛り込む

《数値目標》

1）自殺対策の数値目標について

《評価指標》

1）基本施策「自殺対策を支える人材の育成」について

2）基本施策「住民への啓発と周知」について

3）基本施策「児童生徒のSOSの出し方に関する教育」について

4）重点施策＝地域自殺対策「重点パッケージ」について

《実施の有無／実施内容の記録》

1）基本施策「地域におけるネットワークの強化」について

2）基本施策「生きることの促進要因への支援」について

3）生きる支援関連施策について

Ⅴ　計画の推進、推進状況の確認等

Ⅴ－１　計画の推進における責任主体

Ⅴ－２　推進状況の把握・確認

Ⅴ－３　推進状況の評価・公表

Ⅴ－４　地域自殺対策政策パッケージへの協力

Ⅴ－５　柔軟な運用の必要性

Ⅰ　自殺対策計画策定の背景

Ⅰ－１　我が国の自殺対策が目指すもの

自殺は、その多くが追い込まれた末の死です。自殺の背景には、精神保健上の問題だけでなく、過労、生活困窮、育児や介護疲れ、いじめや孤立などの様々な社会的要因があることが知られています。自殺に至る心理としては、様々な悩みが原因で追い詰められ自殺以外の選択肢が考えられない状態に陥ったり、社会とのつながりの減少や生きていても役に立たないという役割喪失感から、また与えられた役割の大きさに対する過剰な負担感から、危機的な状態にまで追い込まれてしまう過程と見ることができます。自殺に追い込まれるという危機は「誰にでも起こり得る危機」です。

そのため、自殺対策は、保健、医療、福祉、教育、労働その他の関

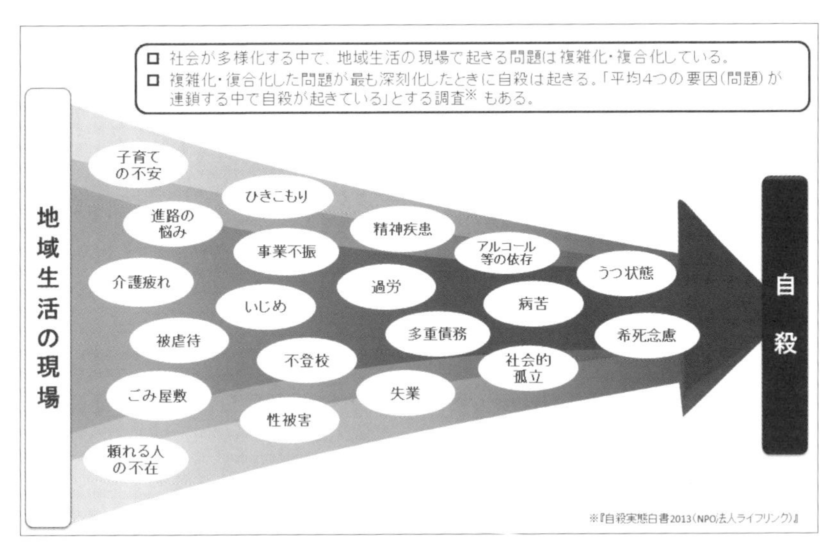

図１　自殺の危機要因イメージ図（厚生労働省資料）

連施策との有機的な連携が図られ、「生きることの包括的な支援」として実施されなければなりません（自殺対策基本法第2条）。自殺対策基本法は、第1条において、「自殺対策を総合的に推進して、自殺の防止を図り、あわせて自殺者の親族等の支援の充実を図り、もって国民が健康で生きがいを持って暮らすことのできる社会の実現に寄与することを目的とする」とうたっています。我が国の自殺対策は、全ての人がかけがえのない個人として尊重される社会、「誰も自殺に追い込まれることのない社会」の実現を目指しているのです。

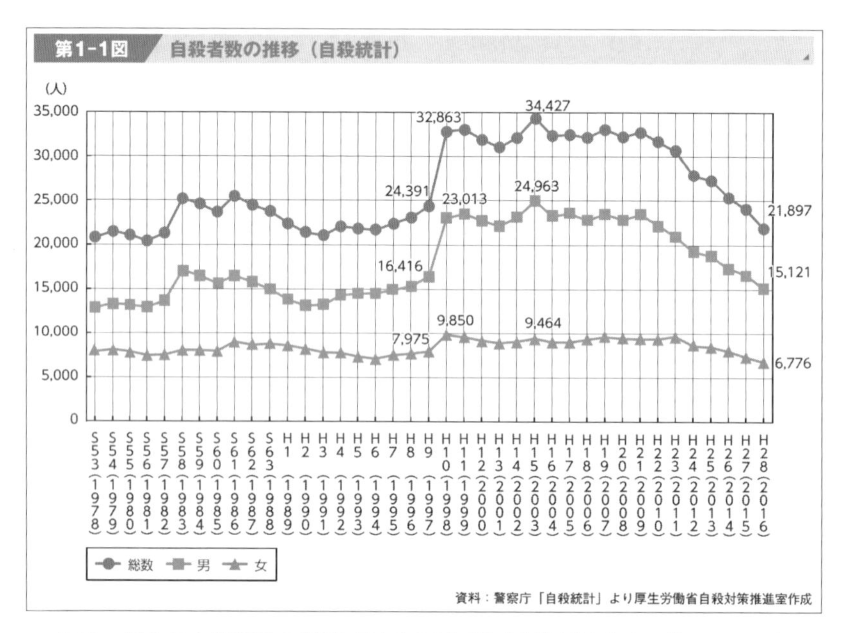

図2　日本の自殺者数の推移（平成29年版「自殺対策白書」第1－1図）

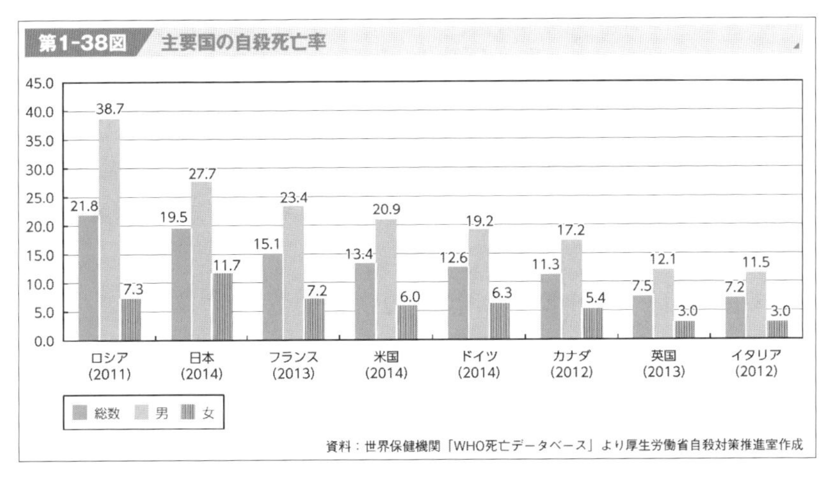

図3　自殺死亡率の国際比較（平成29年版「自殺対策白書」第1－38図）

Ⅰ－2　自殺対策の基本方針

平成29年7月に閣議決定された自殺総合対策大綱では、自殺総合対策の基本方針として、以下の5点が掲げられています。

1）生きることの包括的な支援として推進

個人においても地域においても、自己肯定感や信頼できる人間関係、危機回避能力等の「生きることの促進要因（自殺に対する保護要因）」より、失業や多重債務、生活苦等の「生きることの阻害要因（自殺のリスク要因）」が上回ったときに自殺リスクが高まります。

そのため、自殺対策は「生きることの阻害要因」を減らす取組に加えて、「生きることの促進要因」を増やす取組を行い、双方の取組を通じて自殺リスクを低下させる方向で推進する必要があります。自殺防止や遺族支援といった狭義の自殺対策だけでなく、「生きる支援」に関する地域のあらゆる取組を総動員して、まさに「生きることの包括的な支援」として推進することが重要です。

2）関連施策との有機的な連携による総合的な対策の展開

自殺に追い込まれようとしている人が安心して生きられるようにして自殺を防ぐためには、精神保健的な視点だけでなく、社会・経済的な視点を含む包括的な取組が重要です。また、このような包括的な取組を実施するためには、様々な分野の施策、人々や組織が密接に連携する必要があります。

自殺の要因となり得る生活困窮、児童虐待、性暴力被害、ひきこもり、性的マイノリティ等、関連の分野においても同様の連携の取組が展開されています。連携の効果を更に高めるため、そうした様々な分野の生きる支援にあたる人々がそれぞれ自殺対策の一翼を担っているという意識を共有することが重要です。

とりわけ、地域共生社会の実現に向けた取組や生活困窮者自立支援制度などとの連携を推進することや、精神科医療、保健、福祉等の各施策の連動性を高めて、誰もが適切な精神保健医療福祉サービスを受けられるようにすることが重要です。

3）対応の段階に応じたレベルごとの対策の効果的な連動

さらに、自殺対策は、社会全体の自殺リスクを低下させる方向で、「対人支援のレベル」、「地域連携のレベル」、「社会制度のレベル」、それぞれにおいて強力に、かつそれらを総合的に推進することが重要です。

これは、住民の暮らしの場を原点としつつ、「様々な分野の対人支援を強化すること」と、「対人支援の強化等に必要な地域連携を促進すること」、更に「地域連携の促進等に必要な社会制度を整備すること」を一体的なものとして連動して行っていくという考え方（三階層自殺対策連動モデル）です。

また、時系列的な対応としては、自殺の危険性が低い段階における啓発等の「事前対応」と、現に起こりつつある自殺発生の危険に介入する「危機対応」、それに自殺や自殺未遂が生じてしまった場合等に

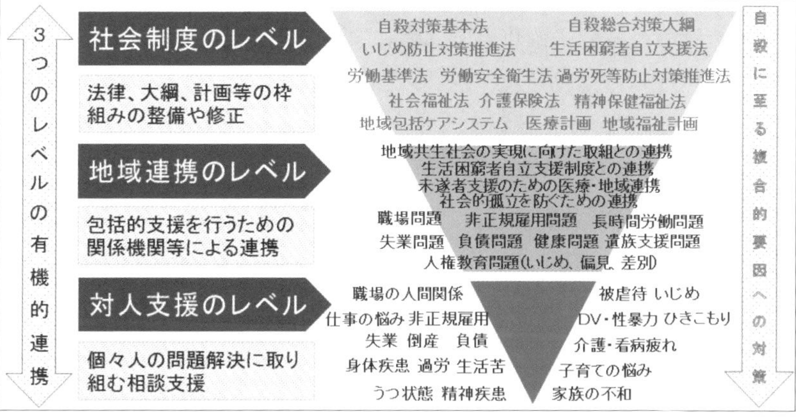

図４　三階層自殺対策連動モデル（自殺総合対策推進センター資料）

おける「事後対応」の、それぞれの段階において施策を講じる必要があります。

加えて、「自殺の事前対応の更に前段階での取組」として、学校において、児童生徒等を対象とした、いわゆる「SOSの出し方に関する教育」を推進することも重要とされています。

4）実践と啓発を両輪として推進

自殺に追い込まれるという危機は「誰にでも起こり得る危機」ですが、危機に陥った人の心情や背景が理解されにくい現実があり、そうした心情や背景への理解を深めることも含めて、危機に陥った場合には誰かに援助を求めることが適当であるということが、地域全体の共通認識となるように積極的に普及啓発を行うことが重要です。

全ての国民が、身近にいるかもしれない自殺を考えている人のサインに早く気づき、精神科医等の専門家につなぎ、その指導を受けながら見守っていけるよう、広報活動、教育活動等に取り組んでいくことが必要です。

5) 関係者の役割の明確化と関係者による連携・協働の推進

我が国の自殺対策が最大限その効果を発揮して「誰も自殺に追い込まれることのない社会」を実現するためには、国、地方公共団体、関係団体、民間団体、企業、国民等が連携・協働して国を挙げて自殺対策を総合的に推進することが必要です。そのため、それぞれの主体が果たすべき役割を明確化、共有化した上で、相互の連携・協働の仕組みを構築することが重要です。

具体的には、国には「自殺対策を総合的に策定し、実施する」責務があり、地方公共団体には「地域の状況に応じた施策を策定し、実施する」責務があります。また関係団体や民間団体、企業には、それぞれの活動内容の特性等に応じて「積極的に自殺対策に参画する」ことが求められ、国民にも「自殺が社会全体の問題であり我が事であることを認識し、誰も自殺に追い込まれることのない社会の実現のため、主体的に自殺対策に取り組む」ことが期待されます。

Ⅰ－３　政府が推進する自殺対策

1) 自殺対策基本法の制定等

我が国においては、平成10年に自殺者数が急増するまでは自殺問題が行政上の課題とされることは少なく、その後も自殺対策について国全体としての基本方針は策定されませんでした。国における取組は、厚生労働省におけるうつ病対策や職場のメンタルヘルス対策を中心に、各府省がそれぞれに実施しているのが実態でした。

このような状況の下、自殺予防活動や遺族支援に取り組む民間団体等から、「個人だけでなく社会を対象とした自殺対策を実施すべきだ」といった声が強く出されるようになり、国会においても平成17年7月には参議院厚生労働委員会において「自殺に関する総合対策の緊急かつ効果的な推進を求める決議」が全会一致で行われました。この決議を受けて政府は、12月に「自殺予防に向けての政府の総合的な対策について」を取りまとめ、関係省庁が一体となった取組に着手することとなりました。

さらに超党派の「自殺防止対策を考える議員有志の会（現在は「自殺対策を推進する議員の会」に改名）」が結成され、「自殺対策基本法案」について検討を進める中で、同年6月に法案は全会一致で可決。自殺対策基本法として同年10月に施行されました。

その後、自殺対策基本法の施行から10年が経過しようとする中、自殺対策に取り組む民間団体等を中心に、自殺対策を更に強化し、加速させるために、この10年間に蓄積された様々な知見や経験を踏ま

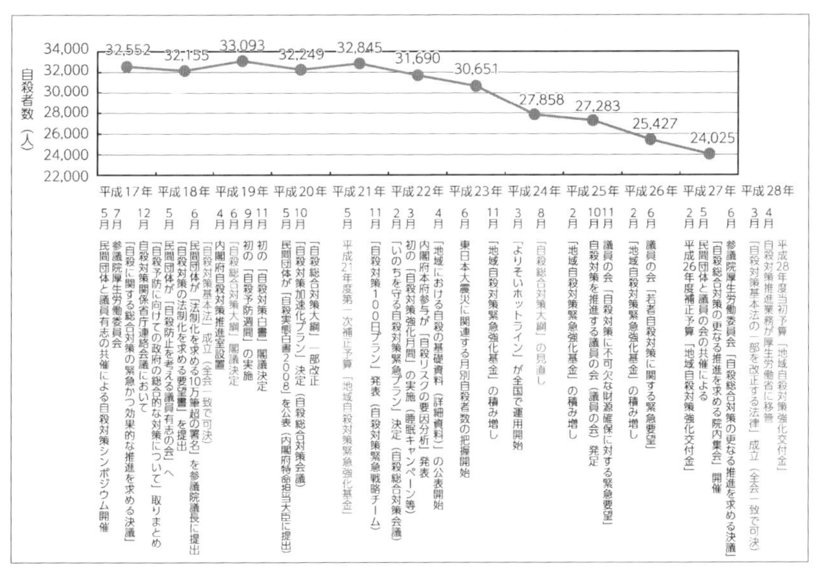

図5　我が国の自殺対策をめぐる主な動き（平成28年版「自殺対策白書」より）

えた自殺対策基本法の見直しが必要であるという機運が高まり、平成27年6月には参議院厚生労働委員会において「自殺総合対策の更なる推進を求める決議」が全会一致で行われました。

具体的な改正法案の検討は、自殺対策を推進する議員の会を中心に行われ、平成28年3月に法案は全会一致で可決し、同年4月に施行されました。

2）政府の推進体制の強化

自殺対策基本法に基づき、平成18年10月、内閣官房長官を会長とし、内閣総理大臣が指定する関係閣僚を構成員とする「自殺総合対策会議」が設置されました。同会議は、各府省にまたがる自殺対策を統括し推進するための枠組みとしての機能を担うこととなりました。平成19年4月には、内閣府に自殺対策推進室が設置され、自殺総合対策会議の事務局機能を担うこととなりました。

その後、平成27年1月に閣議決定された「内閣官房及び内閣府の業務の見直しについて」において、自殺対策の推進業務は厚生労働省へ移管することとされました。地域レベルの実践的な取組を中心とする自殺対策への転換を一層進めるため、現場と緊密に連携することがますます重要となると考えられたことから、取組体制の更なる強化を図ることになったものです。

また、この業務移管に伴い、自殺総合対策会議の会長は厚生労働大臣とされ、事務局も厚生労働省に移管されました。同会議は、現在、会長のほか、10人の国務大臣（国家公安委員会委員長、内閣府特命担当大臣（金融）、内閣府特命担当大臣（消費者及び食品安全）、復興大臣、総務大臣、法務大臣、文部科学大臣、農林水産大臣、経済産業大臣、国土交通大臣）により構成されています。

さらに、平成28年4月1日に厚生労働省に自殺対策推進室が設置され、内閣府の担ってきた事務を引き継ぐこととされました。同日付けで、厚生労働大臣を長とする「自殺対策推進本部」が設置され、多岐にわたる自殺対策を総合的に推進するため、保健、医療、福祉、労働その他の関連施策の有機的連携を図り、省内横断的に取り組んでいくこととなりました。

また、自殺対策に関する情報の収集・発信、調査研究、研修等の機能を担う機関としては、平成18年10月、国立精神・神経センター（現：国立研究開発法人　国立精神・神経医療研究センター）精神保健研究所に、「自殺予防総合対策センター」が設置されましたが、自殺対策基本法の改正などの動きと並行して業務の在り方が見直され、地域レベルの実践的な自殺対策への支援を強化するために、平成28年4月に「自殺総合対策推進センター」に改組されました。

国における対策を総合的に支援する視点からは、「精神保健的な視点に加え、社会学、経済学、応用統計学等の学際的な視点」「民学官でPDCAサイクルを回すためのエビデンスに基づく政策支援」に、また地域レベルの取組を支援する視点からは、「民間団体を含む基礎自治体レベルの取組の実務的・実践的支援の強化」「地域が実情に応

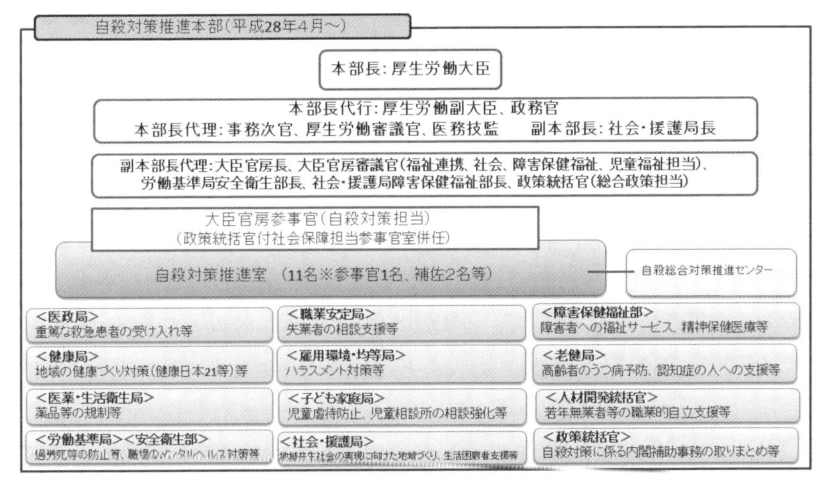

図6　厚生労働省の自殺対策推進体制

じて取り組むための情報提供や仕組みづくり（人材育成等）」に、取り組んでいくこととなっており、以下の4室で構成されています。

▼自殺実態・統計分析室：地域自殺実態プロファイルの作成・更新等を担う

▼自殺総合対策研究室：地域自殺対策政策パッケージの作成・更新等を担う

▼自殺未遂者・遺族支援等推進室：自殺未遂者や遺族等への支援推進を担う

▼地域連携推進室：地域自殺対策推進センターへの支援等を担う

3）自殺総合対策大綱の策定

自殺総合対策大綱は、自殺対策基本法に基づき、政府が推進すべき自殺対策の指針として定めるものです。平成19年6月に初めての自殺総合対策大綱が策定された後、平成20年10月に一部改正、平成24年8月に初めて全体的な見直しが行われました。また、平成28年の自殺対策基本法改正の趣旨や我が国の自殺の実態を踏まえた見直しが行われ、平成29年7月、「自殺総合対策大綱　～誰も自殺に追い込まれることのない社会の実現を目指して～」が閣議決定されました。

自殺総合対策の基本理念や基本方針等が整理され、当面の重点施策に「地域レベルの実践的な取組への支援を強化する」「子ども・若者の自殺対策を更に推進する」などが新たに加えられました。また、最終的に目指すべきは「誰も自殺に追い込まれることのない社会」の実現であるとしつつ、当面の目標としては、先進諸国の現在の水準まで減少させることを目指して、平成38年までに、自殺死亡率を平成27年と比べて30％以上減少させることとなりました。

4）地域自殺対策強化交付金による支援

改正された自殺対策基本法においては、都道府県自殺対策計画又は

「自殺総合対策大綱」（概要）

※下線は旧大綱からの主な変更箇所

平成28年の自殺対策基本法の改正や我が国の自殺の実態を踏まえ抜本的に見直し

第1 自殺総合対策の基本理念

誰も自殺に追い込まれることのない社会の実現を目指す

➢ 自殺対策は、社会における「**生きることの阻害要因**」を減らし、「**生きることの促進要因**」を増やすことを通じて、社会全体の自殺リスクを低下させる

阻害要因：過労、生活困窮、育児や介護疲れ、いじめや孤立等
促進要因：自己肯定感、信頼できる人間関係、危機回避能力等

第2 自殺の現状と自殺総合対策における基本認識

➢ 自殺は、その多くが追い込まれた末の死である

➢ 年間自殺者数は減少傾向にあるが、**非常事態はいまだ続いている**

➢ 地域レベルの実践的な取組を**PDCAサイクルを通じて推進**する

第3 自殺総合対策の基本方針

1. **生きることの包括的な支援**として推進する
2. **関連施策との有機的な連携を強化**して総合的に取り組む
3. **対応の段階に応じてレベルごとの対策を効果的に連動**させる
4. 実践と啓発を両輪として推進する
5. 国、地方公共団体、関係団体、民間団体、企業及び国民の役割を明確化し、その連携・協働を推進する

第4 自殺総合対策における当面の重点施策

1. **地域レベルの実践的な取組への支援を強化する**
2. 国民一人ひとりの気づきと見守りを促す
3. 自殺総合対策の推進に資する調査研究等を推進する
4. 自殺対策に係る人材の確保、養成及び資質の向上を図る
5. 心の健康を支援する環境の整備と心の健康づくりを推進する
6. 適切な**精神保健医療福祉サービス**を受けられるようにする
7. **社会全体の自殺リスクを低下**させる
8. 自殺未遂者の再度の自殺企図を防ぐ
9. 遺された人への支援を充実する
10. 民間団体との連携を強化する
11. **子ども・若者の自殺対策を更に推進する**
12. **勤務問題による自殺対策を更に推進する**

第5 自殺対策の数値目標

➢ 先進諸国の現在の水準まで減少させることを目指し、**平成38年までに、自殺死亡率を平成27年と比べて30%以上減少**
（平成27年18.5 ⇒ 13.0以下）

（WHO:仏15.1(2013)、米13.4(2014)、独12.6(2014)、加11.3(2012)、英7.5(2013)、伊7.2(2012)）

第6 推進体制等

1. 国における推進体制
2. 地域における**計画的な自殺対策の推進**
3. 施策の評価及び管理
4. 大綱の見直し

図7

市町村自殺対策計画に基づいて当該地域の状況に応じた自殺対策のために必要な事業等を実施する都道府県又は市町村に対し、国が交付金を交付することができる（第14条）こととされています。

国においては、地域の特性に応じた効率的な対策を後押しし、地域における「自殺対策力」の更なる強化を図ることを目的として、地域自殺対策強化交付金による支援を行っています。

5）社会全体で回すPDCAサイクル

国は、社会全体で自殺対策のPDCAサイクルを回すことを通じて、「誰も自殺に追い込まれることのない社会」の実現に向けた取組を推進していきます。

具体的には、まず国は、自殺総合対策推進センターにおいて、全ての都道府県及び市町村ごとに自殺の実態を分析し、地域特性を考慮し

図８

た自殺対策事業をまとめた政策パッケージを提供します。都道府県及び市町村は、提供を受けた政策パッケージ等を活用して地域自殺対策計画を策定（PLAN）し、それに基づいて対策を推進（DO）します。そのようにして全国で実施された政策パッケージ等の成果を、自殺総合対策推進センターが収集・分析（CHECK）し、分析結果を踏まえて政策パッケージの改善を図る（ACT）という流れです。

つまり、国と自治体等が協力しながら、地域自殺対策計画をツールとして全国的な自殺対策のPDCAサイクルを回すことで、自殺対策を常に進化させながら推進することとしています。

Ⅰ－４　地域で推進すべき自殺対策

1）国民一人ひとりの身近な行政主体としての責務

地域の状況に応じた施策を策定し、実施する責務を有する地方公共

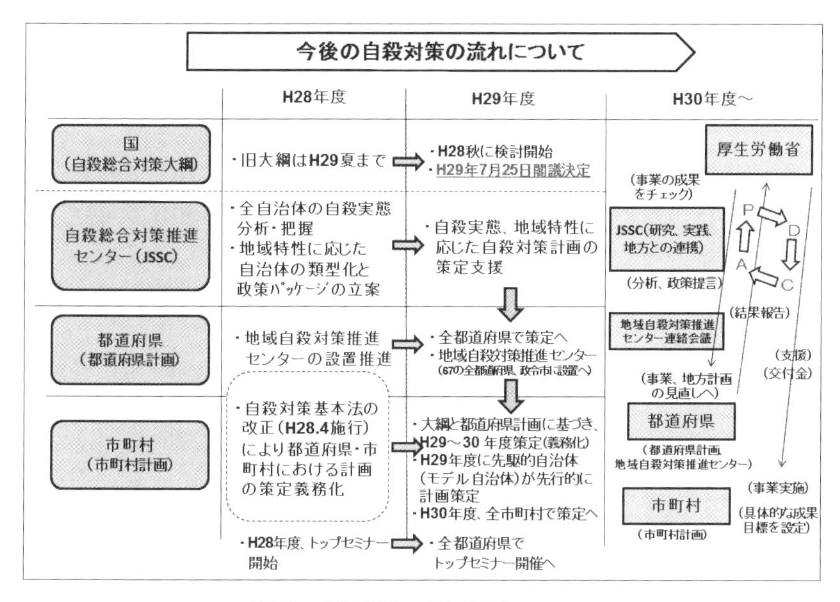

図９　自殺対策のPDCAについて

団体は、自殺総合対策大綱及び地域の実情等を勘案して、地域自殺対策計画を策定することとされています。国民一人ひとりの身近な行政主体として、国と連携しつつ、地域における各主体の緊密な連携・協働に努めながら自殺対策を推進することが求められます。

2）行政トップが責任者となり全庁的な取組として推進

行政の最大の責務は住民の命を守ることであり、自殺対策はまさに住民の命を守る取組そのものです。行政トップが責任者として関わる形で、地域自殺対策計画の策定等、全庁的な取組として地域自殺対策を総合的に推進することが重要です。（本手引「Ⅲ－１ 意思決定の体制をつくる」を参照）

3）コーディネート役を担う専任部署の設置や専任職員の配置

生きることの包括的な支援として、様々な分野の施策と連携、連動させていくためには、都道府県のみならず市町村においても、自殺対策と他の施策等とのコーディネート役を担う自殺対策の専任職員を配置したり専任部署を設置するなどして、自殺対策を地域づくりとして総合的に推進する体制を整えることが期待されます。
　また、自殺対策の担当は、対人支援の現場に詳しい保健師等と、一般職員とをバランスよく配置することが望まれます。

4）市町村と都道府県による連携の必要性

　生きることの包括的な支援である自殺対策の原点は、住民の暮らしの場です。市町村と都道府県は共に住民サービスを担う地方行政の実施主体として、それぞれにおいて強力に、かつ互いに連携することで総合的に、地域の自殺対策を推進することが求められます。
　その際、市町村の主な役割としては、住民に最も身近な基礎自治体として、住民の暮らしに密着した広報・啓発、相談支援等を始めとして、地域の特性に応じた自殺対策を推進していく中心的な役割を担うことが求められます。
　また都道府県の主な役割としては、市町村を包括する広域自治体として、市町村に対する地域自殺対策推進センターを中心とした支援（計画策定の技術的支援や困難事例に対する連携等）を行うほか、精神保健福祉センター等の都道府県に設置されている機関の業務を行うとともに、広域的な啓発・キャンペーンの展開、地域における自殺未遂者等支援の体制整備、遺された人への情報提供や支援体制の整備等、その都道府県の全域、あるいは二次医療圏など市町村の圏域を越えた地域を対象として実施することが効果的・効率的な施策や事業の実施等を行うことが求められます。

Ⅱ　自殺対策計画策定の意義

Ⅱ－１　計画を策定する法的根拠

平成28年に改正された自殺対策基本法の第13条において、都道府県及び市町村は、自殺総合対策大綱及び地域の実情等を勘案して、地域自殺対策計画を定めるものとするとされました。

> 第13条　都道府県は、自殺総合対策大綱及び地域の実情を勘案して、当該都道府県の区域内における自殺対策についての計画（次項及び次条において「都道府県自殺対策計画」という。）を定めるものとする。
> 2　市町村は、自殺総合対策大綱及び都道府県自殺対策計画並びに地域の実情を勘案して、当該市町村の区域内における自殺対策についての計画（次条において「市町村自殺対策計画」という。）を定めるものとする。

これは、改正前から自殺対策基本法において、地方公共団体の責務として「地方公共団体は、基本理念にのっとり、自殺対策について、国と協力しつつ、当該地域の状況に応じた施策を策定し、及び実施する責務を有する」旨が規定されていたものを、より具体化する意味で新たに定められたものです。

自殺対策に関する地方公共団体の取組には温度差があり、住んでいる地方公共団体によって自殺対策に関する支援を受けられる人とそうでない人の差が生じていると言われていることから、自殺対策に関する地域間の格差を是正し、いわばナショナルミニマムとして、誰もが「生きることの包括的な支援」としての自殺対策に関する必要な支援を受けられるようにする狙いがあります。

また、地方公共団体における地域の実情を勘案した自殺対策の策定・実施を更に推進することにより、自殺対策の実効性を一層高めていくことが期待されます。

留意点1

▼地域自殺対策計画を策定する際は、当該地域の健康増進計画や地域福祉支援計画など他の関連する計画との調和を図ることが必要です。
▼人口規模が小さい市町村等は、近隣の市町村と共同して広域的な地域自殺対策計画を策定することも可能です。
▼地域自殺対策計画は、例えば地域福祉計画又は地域福祉支援計画等の他の計画の一部として策定することも可能であり、必ずしも単独の計画として策定する必要はありません。ただし、この場合は、他の計画中のどの部分が地域自殺対策計画に該当するのか明らかにしておくことが必要です。
▼重要なのは、地域自殺対策計画が自殺対策のPDCAサイクルを回すために必要な要件を満たしていること、つまり「検証可能な計画」になっていることです。

Ⅱ－2　計画を策定することのメリット

1）計画という手法の効果

自殺対策計画を策定することは、あらゆる分野の庁内事業に自殺対策（生きることの包括的な支援）の視点を反映させつつ、地域づくりを進めていくという意思を、庁内外に対して明らかにすることでもあります。

しかし、「誰も自殺に追い込まれることのない社会」の実現に関する施策は、広範多岐にわたっており、特定の部署のみで対応することは困難です。このように各般の行政領域にまたがる施策を、整合性を持って効果的に推進するためには、計画という手法が効果を持ちます。

行政手法としての自殺対策計画は、的確な現状認識と、利用可能な行財政上の能力とを考慮して、一定の目標年次までに、努力すれば達成可能と考えられる具体的な目標とその実現手段とを示すものです。

その策定過程を通じて、関係部局は自殺対策の視点から各施策を見直すことができ、各般の行政領域にまたがる施策の整合性を確保する機能を持ちます。

2）役割分担等の明確化

自殺対策計画において、それぞれの施策についての担当（課）、実施時期、目標値等を明らかにすることにより、着実な施策の推進が総合的に図られることとなります。

また、庁内関係者のみならず、住民に対しても、「誰も自殺に追い込まれることのない社会」の実現に関する施策についての自治体としての取組姿勢や具体的目標、進ちょく状況が明らかになり、啓発的な効果も期待されます。

3）計画策定を通じた合意形成

広範多岐にわたる施策の推進には、政策目標の優先順位付けや、人員、予算といった行財政上の資源の有効配分が欠かせません。計画の策定過程は、これまで自殺対策と関連付けられてこなかった分野に自殺対策の視点が当てられる契機になるほか、職員が自殺対策についての認識を深める機会となり、結果として、庁内で「誰も自殺に追い込まれることのない社会」の実現に関する施策を進めることへの理解と合意が得られることにつながります。

また、計画の策定過程に地域の関係機関や住民等が参画することにより、職員だけでなく地域全体に対する啓発にも資することとなります。

4）着実な実施の担保

いつまでに何をするのか対外的に明示することにより、担当部局及び関係部局はその実現に責任をもつこととなります。途中での進ちょく状況や、事後の達成度も問われ、取組状況が評価の対象になるとともに、次のステップへの手がかりにもなります。

5）国からの支援

改正された自殺対策基本法においては、都道府県自殺対策計画又は市町村自殺対策計画に基づいて当該地域の状況に応じた自殺対策のために必要な事業等を実施する都道府県又は市町村に対しては、国が交付金を交付することができることとするほか（第14条）、国としても、地方公共団体の責務が十分に果たされるように、必要な助言その他の援助を行うこととされています（第3条第3項）。

Ⅲ　自殺対策計画策定の流れ

計画の策定は、以下の流れに留意しながら全庁的な取組として進めてください。

その際、「地域自殺実態プロファイル」や「事業の棚卸し事例集」、「地域自殺対策政策パッケージ」を、ぜひご活用ください。

1　意思決定の体制をつくる
- 1）行政トップが責任者となる
- 2）庁内横断的な体制を整える
- 3）広く住民の参加を得る
- 4）地域ネットワークの参加を得る

2　関係者間で認識を共有する
- 1）地域の自殺実態を共有する
  - 「地域自殺実態プロファイル」の活用
- 2）自殺対策の理念等を共有する
- 3）自殺対策の目標を共有する

3　地域の社会資源を把握する
- 1）庁内の関連事業を把握する
  - 「事業の棚卸し事例集」の活用
- 2）地域の様々な活動を把握する

4　自殺対策計画を決定する
- 1）計画の全体構成を考える
- 2）各事業の担当及び実施時期を明確にする
- 3）検証可能な指標や目標を定める

なお、平成30年度までの策定を念頭に置くと、平成29年度中に、行政トップを責任者とする庁内横断的な体制の整備（1－1・2)、地域におけるネットワークづくり（1－4)、関係者間での認識の共有(2)

をまず行った上で、地域の社会資源の把握(3)を可能な限り進めておくことが望まれます。その上で、平成30年度において、住民の参加を確保しつつ（1－3)、地域ネットワークの協力を得ながら、計画の決定(4)に向けて作業を進めることになります。

Ⅲ－1　意思決定の体制をつくる

1）行政トップが責任者となる

> 市町村長又は副市町村長を責任者とする「いのち支える自殺対策推進本部（仮称)」を設置し、行政トップが関わる形で自殺対策を推進する体制を整える。

行政の最大の責務は住民の命を守ることであり、自殺対策はまさに住民の命を守る取組そのものです。行政トップが責任者として関わる形で、計画の策定を含めた地域自殺対策を推進するための体制を整えることが望まれます。

またそうした体制の名称は、自殺総合対策大綱の「第1 自殺総合対策の基本理念」にあるとおり、「いのち支える自殺対策」という理念を前面に打ち出し、例えば「いのち支える自殺対策推進本部」などとした方が、自殺対策が「生きることの包括的な支援」であるとの理解を得やすくなると考えられます。「自殺対策＝うつ対策」との発想が庁内にまだ残っていると感じられる場合でも、このように体制の名称を工夫することにより、そうした発想の払拭にもつながる可能性があります。

2）庁内横断的な体制を整える

> 「いのち支える自殺対策推進本部（仮称)」には、庁内の関係部局が幅広く参画し、行政全体として自殺対策を推進する体制を整える。

自殺対策基本法の「第2条 基本理念」には、「自殺対策は、保健、医療、福祉、教育、労働その他の関連施策との有機的な連携が図られ、総合的に実施されなければならない」とうたわれています。

この趣旨を踏まえ、地域における自殺対策の推進役となる「いのち支える自殺対策推進本部（仮称）」には、庁内の幅広い分野の関係部局に参画してもらい、庁内横断的な体制を整えることが望まれます。下記は、その一例です。

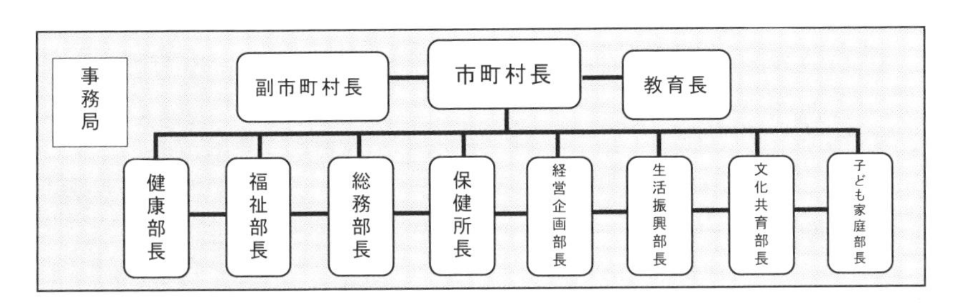

留意点2

▼行政トップが関わる庁内横断的な体制を整えるのは容易なことではありませんが、実効性ある計画を作るためには関係部局を巻き込むことが不可欠であり、関係部局の協力を得るには行政トップに指示を出してもらうことが有効です。その意味で、行政トップを責任者とする体制が整えられるか否かが、計画策定の鍵を握ると言っても過言ではありません。

▼行政トップが関わる庁内横断的な体制を新たに整えるのが難しい場合は、既存の組織や体制を活用することも可能です。

▼行政トップが関わる庁内横断的な体制においては、まず「全庁的な取組として自殺対策計画を策定すると決定してもらうこと」が重要になります。その上で、計画策定の事務局（自殺対策の担当課）が「決定に基づく作業」として関係部局に協力を呼びかけ、計画の策定に必要な「自殺対策（生きる支援）の視点からの事業の棚卸し」や「各事業の担当及び実施時期の明確化」などを進めていくことが

ポイントです。

▼こうした「組織的な決定」を経ずに、自殺対策の担当（課）として計画策定の協力を他部局に呼びかけても、「うちの部署は自殺対策とは関係ない」と、十分な協力を得られず、結果的に実効性ある計画を作ることができなくなるおそれがあります。

▼「いのち支える自殺対策推進本部（仮称）」の下に、関係部局の職員からなる計画策定のワーキングチームを設置し、実務的な論点整理等をそのワーキングチームが行った上で、最終的な計画の決定を「いのち支える自殺対策推進本部（仮称）」が行うという方法もあります。

▼いずれにしても、自殺対策の担当部局だけで計画を策定しようとしないことが重要です。

3）広く住民の参加を得る

計画策定の過程において、地域住民のニーズを把握し、同時に地域住民の理解を醸成するために、パブリックコメントやタウンミーティングを実施する、住民等を加えた検討会を設けるなど、広く住民の参加を得る。

具体的には、計画の策定作業に入る前段階において、地域住民が抱えている悩みや課題を把握するために住民を対象とした意識調査を行ったり、計画の骨子あるいは素案ができた段階において、パブリックコメントやタウンミーティングを行ったりすることが考えられます。※意識調査案については、政策パッケージを参照

また、住民や有識者を加えた検討会を設け、行政と住民等が共同で計画策定を行うことは、自殺対策の推進に住民等の主体的な参画を得る上でも効果的です。

4) 地域ネットワークの参加を得る

　計画策定の過程において、自殺対策の地域ネットワークの参画団体等のニーズを把握し、同時に参画団体等の理解を醸成するために、会合等を通じて意見や要望を聴く機会を設けて、広く地域ネットワークの参加を得る。

　自殺対策においては、医療、保健、生活、教育、労働等に関する相談機関等、様々な関係機関のネットワークづくりが重要です。

　もし地域に自殺対策のネットワークがなければ、今回の計画策定を機に設立することが望まれます。名称は「いのち支える自殺対策ネットワーク」「いのち支える相談支援ネットワーク」「いのち支える自殺対策協議会」などとすると、活動の趣旨について理解を得やすくなると考えられます。

　またその際、地域における類似のネットワーク（地域共生社会の実現に向けた取組、生活困窮者自立支援や子どもの虐待防止に関するネットワークなど）の協力を得て新たに設立する、又は既存のネットワークに自殺対策の観点を新たに持ってもらうことで代替するのも一案です。

【町村の例】
社会福祉協議会、民生委員、地域包括支援センター、保健所、診療所、NPO法人、社会福祉法人、教育委員会、警察署、消防署、商工会、弁護士会、JA、老人クラブ、婦人会、自治会、地域自殺対策推進センター等

【市区の例】
福祉事務所、児童相談所、社会福祉協議会、民生委員、地域包括支援センター、保健所、精神保健福祉センター、医師会、歯科医師会、薬剤師会、病院、NPO法人、社会福祉法人、教育委員会、警察署、消防署、労働基準監督署、ハローワーク、地域産業保健センター、商工会議所、弁護士会、鉄道会社、地域自殺対策推進センター等

留意点３

▼地域の自殺対策においては、計画の策定以上に、その実行が重要です。そのため計画策定のプロセスにできるだけ多くの関係者に関わってもらい、「これは自分たちが関わって作った計画だ」という当事者意識を持つ人の輪を広げていくことを通じて、地域の自殺対策の担い手を増やしていくことも重要です。

▼特に、自殺対策を「地域づくり」として展開するために、地域の様々な関係機関との実務的な協働は不可欠です。地域ネットワークの参画団体等には何らかの形で計画策定に関わってもらい（仮に意見をもらうだけであっても）、計画を実行に移す際に協力を得られるようにしておくことが重要です。

▼もし地域ネットワークがまだ存在しておらず、かつ計画策定前に立ち上げることも難しい場合は、計画を決定・実行するタイミングで立ち上げるのも一案です。

Ⅲ－２　関係者間で認識を共有する

１）地域の自殺実態を共有する

市町村長を始め、全ての職員が、「自殺は、その多くが追い込まれた末の死である」ことを理解し、併せて、当該市町村の自殺実態についての認識を共有する。

自殺総合対策大綱には、「自殺の現状における基本認識」として「自殺は、その多くが追い込まれた末の死である」とうたわれています。自殺対策を推進するための大前提として、地域の関係者がこの基本認識を共有することが必要となります。

また、国が全国全ての市町村に提供する「地域自殺実態プロファイル」を関係者間で共有し、自分たちの自治体でどういった年代や性別、職業等の住民（例えば「40～59歳の男性の無職者で独居の人」「60代以上の女性で同居人がいる人」「20～39歳の男性の無職者で独居の人」など）の自殺が多いのか、また全国平均と比較したときどんな特徴があるのかなど、地域の自殺実態に関する認識を共有することも重要です。

身近な人を自殺で亡くした遺族等の数は、自殺で亡くなった人の数倍に及ぶことも、併せて認識を共有する必要があります。

留意点4

▼人口規模が小さくて自殺者数が少ない自治体の場合、地域の自殺実態を統計的に分析することが困難な場合がありますので、そうした場合は、住民を対象とした意識調査を行うなどして、住民の声やニーズを計画に反映させることが可能です。

▼人口規模が大きい自治体や面積が大きい自治体は、市町村単位の統計ですと括りが大きくなり過ぎて地域的な特徴が埋もれてしまう場合があり、この場合、統計法第33条第1号の規定に基づき「人口動態調査」の死亡小票を使って「自治体の小地域ごとの実態」を把握することが可能です。※詳しくは「地域自殺対策政策パッケージ」を参照

2）自殺対策の理念等を共有する

市町村長を始め、全ての職員が、地域の自殺実態を踏まえてどのように対策を進めるべきか、自殺対策の基本理念や基本方針についての認識を共有する。

具体的には、少なくとも以下の4点について認識を共有することが望まれます。

① 自殺対策とは「生きることの包括的な支援」であること
② 自殺対策の推進には「関係部局（機関）の緊密な連携」が重要であること
③ 自殺対策の推進は「地域セーフティーネットの構築」にもなる

こと

④　自殺対策の推進において「行政トップのリーダーシップ」が欠かせないこと

これらは、平成28年度から都道府県単位で順次開催されている市町村長を対象とした研修会「地域自殺対策トップセミナー」において強調されているポイントです。

留意点5

▼「社会が多様化する中で、現場で起きる問題も複雑になっている。既存の制度や支援策では対応し切れない問題が増えている。自殺はそうした問題が最も深刻化した末に起きる。裏を返せば、自殺に対応できる地域のセーフティーネットを作れば、それは地域の他のあらゆる問題にも対応できるものとなる。自殺対策は地域づくりの絶好の切り口であり、住民の命を守るために、それを牽引すべきは首長の皆さんしかいない」(「地域自殺対策トップセミナー」基調講演より)

▼行政トップが「地域自殺対策トップセミナー」に参加していない場合などは、然るべき体制を整える前、又は整える際に（例えば「本部」の最初の会合時に)、行政トップを含めた管理職向けの研修会を開催するという方法があります。※研修会については「政策パッケージ」を参照

▼行政トップの理解を丁寧に得ながら、行政トップが関わる庁内横断的な体制を整えることが重要です。そうした体制が計画策定の強力な推進役となってくれます。

3）自殺対策の目標を共有する

自殺総合対策大綱の「自殺対策の数値目標」にあるとおり、我が国の自殺対策が最終的に目指すのは「誰も自殺に追い込まれることのない社会」の実現であること、また当面の目標として国は「平成38年までに

自殺死亡率を27年と比べて30％以上減少させる」としていることについて認識を共有する。

それぞれの市町村においても、最終的な目標としては「誰も自殺に追い込まれることのない地域」の実現を目指すべきですが、当面の数値目標としては、国が「平成38年までに自殺死亡率を27年と比べて30％以上減少」させ、自殺死亡率（以下「自殺率」という。）を13.0以下とすることを目標としていることを踏まえて、適宜適切に設定してください。自殺率が全国値より高い場合などは、国よりも高い削減目標を掲げることはもちろん可能です。

また、人口規模が小さくて自殺者数が少ない市町村の場合は、「誰も自殺に追い込まれることのない●●（●●には市町村名が入る）」を、そのまま目標とする、あるいは、複数年の数値による目標（例えば直近5年間の自殺者数○人に対し、今後5年間の自殺者数を△人以下とする、等。）を掲げても構いません。

なお、数値目標は、自殺総合対策大綱における記載と同じように、自殺率だけでなく自殺者数についても明示することが望まれます。その際、国立社会保障・人口問題研究所の「日本の地域別将来推計人口」を活用することが考えられます。※計画に盛り込むべき事業の評価指標については、本手引「Ⅲ－4－3　検証可能な指標や目標を定める」を参照してください。

Ⅲ－3　地域の社会資源を把握する

1）庁内の関連事業を把握する

計画の策定に当たっては、庁内の関連事業を把握する必要がある。その際、「事業の棚卸し」が有効な手法となる。

計画の策定に当たっては、自殺対策とは「生きることの包括的な支援」であるとの視点から、既存事業を最大限に活かし、計画に盛り込むべく、庁内の関連事業を広く把握することが重要です。その際の有効な手法が「事業の棚卸し」です。

「事業の棚卸し事例集」をご覧いただくと、意外な事業について自殺対策との関連性を見出だせる等、より充実した計画を作る上での参考になります。ぜひこの「事業の棚卸し」の手法を取り入れ、策定作業を進めていただくことが望まれます。

《事業の棚卸しの進め方》

▼A案：最も丁寧で最も望ましい進め方です。

メリット：庁内の「生きる支援」関連事業を、最大限、自殺対策に活用できる。
デメリット：手間と時間が掛かる。

① 「●●年度 主要施策の概要」や「●●年度 主要施策の成果」などの予算・決算に関する資料を使って市町村における全事業リストを作成する。

② 「事業の棚卸し事例集」を参考にしながら、全事業リストの中から「生きる支援」に関連する・関連し得る（関連しないもの以外の）事業を洗い出す。１つの事業の中に「複数の事業」が含まれている場合は、その事業１つ１つを最大限自殺対策に活かすために、できるだけ細分化して洗い出す。

【例１：生活困窮者自立支援事業】⇒「自立相談支援事業」「住居確保給付金の支給事業」「家計相談支援事業」「子どもの学習支援事業」「寄り添い型宿泊所の提供事業」等

【例２：精神保健事業】⇒「精神障害者向けの相談機会の提供」「アルコール依存症に関する普及啓発」「困難事例への個別支援」「精神障害者のいる家族向け講演会・家族交流会」等

③　洗い出した事業（以下「業務」を含む。）に、自殺対策の視点を加えた「事業案」を考える。その際、「事業の棚卸し事例集」に収録してある類似事業を参考にすると良い。

【例1：図書館の管理事業】図書館は普段から活字に親しんでいる地域住民が集まる場であるため、ポスターやパネル等を展示して自殺対策や相談会等の広報啓発の場として有効です。また、自殺対策に資する「居場所（とりわけ子どもを対象とした）」としての機能を持てる場合もあります。

【例2：滞納税の徴収事業】自殺の背景には生活苦や借金等の経済的な問題が潜んでいる場合があり、税を滞納している人の中にはそうした問題を抱えて自殺リスクを背負っている人がいる可能性があります。税の徴収員が、滞納者がそうした状況にあるかもしれないとの視点を持つことで、必要に応じて住民に相談会等の情報を伝えることができるかもしれません。その意味で、徴収員に自殺対策の研修会を受けてもらうことが有効です。

④　自殺対策の視点を加えた事業案について、各事業の担当と事業案の内容やその実現可能性について協議する。あわせて、把握漏れの「生きる支援」に関連し得る事業がないか、最終確認を行う。

⑤　計画に盛り込む最終的な表現を確定させる。

▼B案：A案の①と②の作業を短縮したやり方です。

メリット：それほど手間を掛けずに、ある程度、事業を洗い出すことができる。
デメリット：各部局の「理解度の差」によって把握できる事業に差が出てくる。

①　「事業の棚卸し事例集」を庁内各部局と共有し、各部局において、それを参考にしながら「生きる支援」に関連する・関連し得る事

業を洗い出してもらう。

② 以下は、A案の③以降と同じ。

▼C案：A案の①～③の作業を短縮したやり方です。

メリット：手間を掛けずに、一応、事業の棚卸し作業を行うことができる。
デメリット：各部局任せになり、ほとんど事業を洗い出せないリスクがある。

① 「事業の棚卸し事例集」を庁内各部局と共有し、それを参考にしながら各部局でもって、自殺対策の視点を加えた「事業案」を考えてもらう。
② 以下は、A案の④以降と同じ。

留意点6

▼全庁的に（少なくとも管理職に）、自殺対策についての理解を得ておくと関連事業の把握作業を円滑に進めやすくなります。
▼行政トップが関わる庁内横断的な体制において、「実践的な計画策定のために関連事業の把握を行う」と決定してもらい、その決定を受ける形で作業に入ると他部局との調整を円滑に進めやすくなります。
▼関連事業の把握作業は、他部局との情報交換やコミュニケーションの機会となり、相互の事業の内容に関する理解の促進につながります。庁内関係者との「顔の見える連携関係」の再構築・再強化にもなり得ます。
▼「自分たちの事業は関係ない」と思っている関係部局が少なくない可能性が考えられますので、主体的に作業を進めてもらえるように理解を求めるなど、関連事業の把握作業は時間をかけて丁寧に進めることが大切です。

▼庁内の多様な事業を「生きることを支える取組」と位置付けて幅広く計画に盛り込むことができれば、結果的に、より包括的・全庁的に自殺対策を進められるようになります。そのようにして「生きる支援」を総動員して作った計画は、自殺以外の問題の解決にも有効に機能する地域セーフティーネットの構築にも役立つはずです。

2）地域の様々な活動を把握する

地域の民間団体等が「生きる支援」に関して行っている活動を把握する。その中で自殺対策の視点を加えてもらえる可能性があるものがないか精査する。

地域の民間団体等が行っている活動も、幅広く計画の中に盛り込んでいくことが望まれます。そのために、庁内の関係部局に「生きる支援」に関する事業の照会等を行う際に、各関係部局とつながりのある民間団体等について、あわせて確認する方法もあります。

民間団体等の活動を全て把握しきれていない場合、地域の中で「計画に盛り込まれる団体」と「盛り込まれない団体」が出てきてしまうおそれがあります。そうした状況を避けるには、計画に盛り込む民間団体等の活動については地域ネットワーク等に依頼してまとめてもらうという方法が考えられます。あるいは、ひとまずのところは、すでに把握できている範囲の民間団体等の活動を計画に盛り込み、その後もし新たに把握するに至った民間団体等の活動があれば、それらは計画の見直し時に追加するという方法も考えられます。

いずれにしても、民間団体等の活動を計画に盛り込むための調査や協議等を行うことは、地域の様々な団体等とのつながりを作る絶好の機会にもなり得るので、できるだけ幅広く民間団体等の活動を計画に盛り込むことが望まれます。

Ⅲ－４　自殺対策計画を決定する

1）計画の全体構成を考える

> 本手引の「Ⅳ 計画に盛り込む内容を決定する」を参考にしながら、地域の自殺実態を踏まえた計画を策定するための全体構成を考える。その際、「特に重点を置くべき対策は何か」「地域の強み（例えば「住民による地域活動が活発」「関連施策のネットワークが機能的」等）を活かせる対策は何か」といった視点も大切にする。

計画の責任の所在を明確にするためにも、最終的な決定は、行政トップが関わる庁内横断的な体制の責任において行うことが求められます。国の自殺総合対策大綱も、最終的には閣議決定を経ています。

2）各事業の担当及び実施時期を明確にする

> 計画に盛り込む事業については、それぞれの事業の担当（課）を明記する。また、各事業の実施時期も明確にする（時期の幅を持たせても構わない）。

自殺総合対策大綱の「自殺総合対策における当面の重点施策」においても、全ての事業について、担当府省が明記されています。また明記はされていませんが、実際は担当府省のどの課が担当するのかも決められています。

市町村の計画においても、全ての事業について、どの課や係が担当するかを明記することが有効です。それぞれの事業の担当に、責任を持って主体的に事業に取り組んでもらうようにするのが、そのねらいです。

また、それぞれの事業の実施時期についても明確にすることが求められます。ただしこれは、各事業の担当と協議した上で計画に盛り込むことが重要です。

留意点7

▼計画の各事業について、担当（課や係）と実施時期を明確にすることができれば、自殺対策の担当がその後行うべき主な業務は、各事業の進捗管理ということになります。裏を返せば、計画に盛り込んだ事業については、関係部局に逐一依頼せずとも、実施してもらいやすくなるというメリットがあります。

3）検証可能な指標や目標を定める

検証可能な計画に仕立てるために、計画に盛り込む事業については、可能な限り、評価指標や目標を定めるように努める。また、定めるべき評価指標や目標については本手引「Ⅳ 計画に盛り込む内容を決定する」を参考にする。

計画全体の目標として掲げる「自殺対策の数値目標」とは別に、個々の事業についても、可能な限り、評価指標や目標を定めることが望まれます。

これは、とりわけ市町村単位の自殺対策においては、個々の事業の実施が自殺の減少という「結果」となってすぐに現れるわけではないため、自殺の増減という「結果」ではなく、自殺を減少させるための手段（事業）として適正であったかどうか、その「プロセス」を評価する必要があるからです。(例えば、自殺対策の啓発イベントを開催しても、それですぐに自殺が減るわけではありません。したがって、「参加者数・参加率」や「参加者のアンケート結果」などに基づいて、そのイベントが自殺を減らすための活動＝プロセスとして適当な内容であったかを検証することが望まれます。※アンケートの雛形は「政策パッケージ」を参照)

また、住民を対象とした意識調査を定期的に行う場合（自殺対策に特化したものに限らず、既存の意識調査を含めて)、その中に自殺対策の評価指標になり得る質問項目を加える方法があります。※詳細は「政策パッケージ」を参照

Ⅳ　計画に盛り込む内容の決定

Ⅳ－１　計画の名称を決める

「いのち支える●●自殺対策行動計画（●●には市町村名が入る）」など、計画の名称においても「いのち支える」というメッセージを前面に打ち出すと、計画の趣旨等を広く理解してもらいやすくなります。

国の自殺総合対策大綱と同じ様に、「～誰も自殺に追い込まれることのない●●の実現を目指して～」といった副題を加える方法もあります。

Ⅳ－２　計画の構成を決める

以下の要素を計画に盛り込むことが望まれます。構成の順番や項目の名称等はあくまでも一例であり、以下と同じである必要はありません。（カッコ内は補足説明）

1）はじめに（市町村長によるメッセージを直接住民に伝えるため）

2）計画策定の趣旨等

2－1）趣旨（自殺対策の基本方針、すなわち「生きることの包括的な支援として推進」、「関連施策との有機的な連携による総合的な対策の推進」、「対応の段階に応じたレベルごとの対策の効果的な連動」、「実践と啓発を両輪として推進」、「関係者の役割の明確化と関係者による連携・協働の推進」を踏まえて自殺対策を全庁的な取組として推進していくための計画であることなどについて）

2－2）計画の位置付け（自殺対策基本法に基づく計画であることや他の個別計画との関係性などについて）

2－3）計画の期間（自殺総合対策大綱を踏まえておおむね5年以内とする）

2－4）計画の数値目標（国の目標、すなわち「平成38年までに自殺

死亡率を27年と比べて30％以上減少させる」を踏まえ適宜適切に設定）

3）●●における自殺の特徴（「地域自殺実態プロファイル」等を活用して記載）
3－1）全国との比較
3－2）過去との比較（年次推移）
3－3）対策が優先されるべき対象群の把握（地域で多く亡くなっている人についてイメージを共有するため＝支援の対象を絞りやすくするため）
※以下は、地域の必要性と実施可能性に応じて補足的に活用する方法もある
・住民意識調査や関係団体へのアンケートの結果等
・小地域ごとの分析（死亡小票等を利用）
・自損行為による救急出動件数等
・自殺関連相談件数等

4）これまでの取組と評価（これについては次期計画から盛り込むので構わない）

5）いのち支える自殺対策における取組（各事業の担当と実施時期を明記する）
5－1）基本施策
⇒「地域自殺対策政策パッケージ」において全国的に実施することが望ましいとされている次の5項目（基本パッケージ）について、同政策パッケージで紹介されている事例等を踏まえ作成
①　地域におけるネットワークの強化
②　自殺対策を支える人材の育成
③　住民への啓発と周知
④　生きることの促進要因への支援
⑤　児童生徒のSOSの出し方に関する教育

5－2）重点施策
⇒「地域自殺実態プロファイル」における推奨パッケージを踏まえ、地域自殺対策政策パッケージから、地域の特性に応じた対策（重点パッケージ：例えば「子ども・若者対策」、「高齢者対策」等）を数項目選択の上、同政策パッケージで紹介されている事例等を踏まえ作成
5－3）生きる支援関連施策
⇒「事業の棚卸し」等により把握された「生きる支援」関連事業を、自殺総合対策大綱の重点施策における項目に合わせる等により一覧を掲載（「事業の棚卸し事例集」を参照）

6）自殺対策の推進体制等
6－1）自殺対策組織の関係図（推進本部とネットワーク等との関係性の整理）
6－2）●●いのち支える自殺対策推進本部（仮称）
6－3）●●いのち支える自殺対策ネットワーク（仮称）
6－4）自殺対策の担当課・担当者（「計画策定」事務局）

7）参考資料（自殺対策基本法、自殺総合対策大綱など）

Ⅳ－3　評価指標等を盛り込む

地域の自殺対策を少しずつでも進化させるためには、自殺対策計画に基づいて実施する事業を適正に評価・検証することが必要です。計画を検証可能なものにするため、評価指標例を参考に、適切なものを盛り込んでください。（もちろん、独自で評価指標を設定することも可能です。）

また、評価指標の立てづらい項目についても、実施の有無、実施内容を記録し、評価の材料としていくことが望まれます。

《数値目標》

1）自殺対策の数値目標について

▼自殺死亡率、自殺者数

⇒　本手引「Ⅲ－２関係者間で認識を共有する」の「３自殺対策の目標を共有する」を参照

《評価指標》

1）基本施策「自殺対策を支える人材の育成」について

▼５年後までの自治体職員（管理職と一般職それぞれ）の自殺対策研修受講率

⇒　量的目標例：70％以上の管理職及び一般職が受講

⇒　質的目標例：70％以上のアンケート回答者が「参加して良かった」「自殺対策の理解が深まった」と評価

▼５年後までの住民の研修参加率・講演参加率

⇒　量的目標例：0.5％以上かつ200名以上の住民が受講・参加

⇒　質的目標例：70％以上のアンケート回答者が「参加して良かった」「自殺対策の理解が深まった」と評価

2）基本施策「住民への啓発と周知」について

▼「自殺予防週間」や「自殺対策強化月間」についての啓発

▼「よりそいホットライン」や「こころの健康相談統一ダイヤル」等、地域の相談機関についての啓発

⇒　例：住民の約３人に２人以上が聞いたことがあると回答

（注：住民意識調査等を実施しない場合は盛り込むことが困難）

▼「ゲートキーパー」についての啓発

⇒　例：住民の約３人に１人以上が聞いたことがあると回答

（注：住民意識調査等を実施しない場合は盛り込むことが困難）

3）基本施策「児童生徒のSOSの出し方に関する教育」について

▼5年後までの児童生徒の「SOSの出し方に関する教育」の実施率

⇒　例：全ての公立小中学校において授業を一度は実施

4）重点施策＝地域自殺対策「重点パッケージ」について

重点施策については、それぞれの事業について、担当課及び実施時期を明記するだけでなく、可能な限り評価指標を盛り込むことが望まれます。

《実施の有無／実施内容の記録》

1）基本施策「地域におけるネットワークの強化」について

▼いつ、どのような活動を行ったかを記録

2）基本施策「生きることの促進要因への支援」について

▼相談会の開催結果や相談会後のフォローアップの内容等を記録

3）生きる支援関連施策について

事業一覧における各事業について、それぞれの実施の有無や実施内容を記録すると同時に、その際、各事業の担当者から「実施した感想」や「改善すべき課題」等についてコメントを寄せてもらうことが望まれます。

> ※「自殺リスク者への個別支援」や「遺族等の分かち合いの会の運営」といった事業は、支援件数や参加者数等の量的な数値で評価することは必ずしも適切ではありません。

Ⅴ　計画の推進、推進状況の確認等

何より重要なのは、計画策定後、全庁を挙げ、住民との協働の下で、計画に沿った取組を実施することです。計画を着実に推進するためには、計画の推進における責任主体を明確にし、また、計画の推進状況について定期的に把握・確認することが重要になります。

Ⅴ－１　計画の推進における責任主体

計画は、市町村長又は副市町村長を責任者とする「いのち支える自殺対策推進本部（仮称）」が中心となって推進してください。

Ⅴ－２　推進状況の把握・確認

計画における各事業の推進状況については、「いのち支える自殺対策推進本部（仮称）」が、毎年又は適時適切に把握・確認してください。

Ⅴ－３　推進状況の評価・公表

確認した推進状況については、自殺総合対策推進センターや地域自殺対策推進センターの協力を得ながら適時評価を行い、例えば、毎年、計画に基づいて行われた事業とそれらに対する評価をとりまとめて公表したり、関係機関に配布することが考えられます。

Ⅴ－４　地域自殺対策政策パッケージへの協力

国は、自殺総合対策推進センターにおいて、全国各地で行われている先駆的な取組に関する情報を適時収集・集約することを通じて、地域自殺対策政策パッケージの内容を適時更新し、自殺対策に関する最新最善の情報を全国の自治体に提供していく方針です。

自殺総合対策推進センターが自治体の自殺対策の取組状況等について調査を行う際は、ぜひともご協力いただきますようよろしくお願いいたします。

Ｖ－５　柔軟な運用の必要性

最後になりますが、地域における自殺の状況は、様々な社会環境の変化等によって急変することが考えられます。計画の着実な推進を図りつつも、そうした変化を察知した際は、どうか計画の枠に過度に縛られることなく、柔軟に現場の変化に対応するようにしてください。

計画の最終的な目的は、地域住民の命を守ることです。いくら計画どおりに対策が進められても、地域における自殺の状況の変化に対応できず、結果として地域住民の命を守れないのであれば意味がありません。

地域の「生きる支援」に関する事業や活動を総動員するための試みでもある地域自殺対策の計画作りは、それを丁寧に行うプロセスを通して、地域における自殺対策の基盤を強化し、仮に状況が変化してもそれに柔軟に対応できるだけの地域の力を育てることになるはずです。

なお、もともと計画に盛り込まれていなかった事業を新たに実施する場合、地域の自殺実態や地域自殺対策における課題の変化等、その事業を新たに実施することの理由を明確にした上で、事業を計画に追加することが可能です。

執筆者一覧

本橋　豊　（自殺総合対策推進センター長）

金子善博　（自殺総合対策推進センター自殺実態統計分析室長）

藤田幸司　（自殺総合対策推進センター自殺総合対策研究室長）

森口　和　（自殺総合対策推進センター研究員）

越智真奈美　（自殺総合対策推進センター研究員）

Q＆A
自殺対策計画策定ハンドブック

2018年10月15日　第1刷発行

編　著　本橋　豊

発　行　株式会社ぎょうせい

〒136-8575　東京都江東区新木場1-18-11
電　話　編集　03-6892-6508
　　　　営業　03-6892-6666
フリーコール　0120-953-431

URL：https://gyosei.jp

〈検印省略〉

印刷　ぎょうせいデジタル㈱

ISBN978-4-324-10548-1
(5108464-00-000)
［略号：ＱＡ自殺ブック］